亲爱的小孩，愿你慢慢长大

慢慢长大

打开心灵的眼睛

像作家一样生活

章红 著

二十一世纪出版社集团
21st Century Publishing Group

星星乌乌塔

声音、气味、风景、想象或者一个场景、一个梦境……所有这些偶然来到你身边的小细节唤起你的情感，就像头脑中骤然透进一丝光线。

所有的作家都是采集者，他们采集一切：词语、对话、意象、梦境、故事……

遇见一片郁金香花海，黄的，白的，红的，粉的……真想有一条郁金香花瓣做成的裙子。

小鲸鱼说：妈妈，这是我能为你做的最后一件事，你应该是属于陆地的。

目　录

第一章

CHAPTER 1

像作家一样生活

人，天生都是会写作的。

当你专注于一件事情，一个想法，一种感受，

你不仅自己沉浸其中，并且能够用语言和别人分享，

这时候你所做的，就是作家的工作。

星星鸟鸟塔

秋秋一岁半的时候，每天下班之后晚饭之前，我常抱她去家门口的一个小公园溜达。

那是傍晚，天色已暗但还没黑透，金星在头顶闪烁。那孩子指着星星，说：

“星星！”

“是啊，星星。”

蝙蝠从头顶扑棱棱飞过，孩子又说：

“鸟鸟！”

蝙蝠不是鸟，不过对一个一岁半的孩子，也没有必要纠正，等她长大了自然会知道。我重复道：

“嗯，鸟鸟。”

不远处，巨人般的电视塔通体透亮地矗立，那孩子又说：

“塔！”

紧接着她突然把三个词连起来说了一遍：

“星星鸟鸟塔！”

我惊喜地说：“哎呀，这是诗啊，秋秋你会作诗了！”

从此以后，只要我问：“秋秋，什么是诗啊？”

她就会非常快乐地喊道：“星星鸟鸟塔！”

我常说起这个故事，把它作为一个例证来阐发我对写作的理解：写作这种行为，在孩子们很小的时候，小到可能还在牙牙学语，就自发地发生了。

为什么这么说？

因为写作的本质就是表达。

“枯藤老树昏鸦，小桥流水人家，古道西风瘦马。夕阳西下，断肠人在天涯。”这是马致远的《天净沙·秋思》，是古典诗词中的瑰宝。如果我说，一岁半小儿的牙牙学语与诗人的杰作之间，内在有一条相通的线索，你会相信吗？

于诗人言，那是一个深秋的黄昏，树叶尽落，鸦鸟即将归巢，晚风带来寒意，他骑一匹瘦马，沿黄尘古道而来，驻足在一个村落的桥边。

于孩子言，世界在眼前闪亮，徐徐展开，一切都充满新奇。多巧啊，她正好认得这几样东西，叫得出它们的名字，就满含喜悦地喊了出来。

诗人与孩子做了同一件事：通过几个名词的并置，把自己眼前的世界呈现出来。让我们这些并非身处其境的读者，仿佛也看到了他们所看到的东西。

词语呈现了他们各自身处的客观世界。不仅如此，词语一诞生，便附着了审美情感，虽然情感很不一样：一个是苍凉落寞的，一个是新鲜喜悦的。

一岁半小儿稚嫩的言语当然无法与诗人的杰作相提并论，但这就是人类最初的自由自在的写作。

冬天，下大雪了，有人在门口堆了个雪人。三岁的秋秋嘴里念念叨叨：

小雪人，小雪人，
像人不是人，
是雪堆的人。

——她在表达对雪人的认知。

夏天，我们坐在阳台上乘凉，蚊子在她腿上咬了个包。我拿来花露水帮她涂抹止痒。我一时好奇，问：“秋秋，花露水抹在皮肤上是什么感觉啊？”

“是抒情的感觉。”

我不能相信自己的耳朵，一个三岁半的孩子怎么会想到“抒情”这个词？我从没教过她！

我又问了一遍，她依然说：“是抒情的感觉。”

“那抒情的感觉是什么感觉呢？”

“抒情的感觉就是美丽的感觉。”她一点都不犹豫地回答。

上小学的秋秋，临睡前一边躺下一边说：

我的床上放了我，我和它一起睡。

——这就是诗啊！床不再是没有生命的物品，它是伙伴，一起入眠。

去学校的时候，我常常邀请孩子们：“来讲讲你们小时候写作的故事吧！”

突破最开始的拘谨之后，这个提问总能获得极好的效果，孩子们排着队争相上台。

——小时候，我看着天上的白云跟妈妈说，那个云好像棉花糖啊，真想扯一片来吃！

——我捡到一片干枯的叶子，它的边缘翘起来，我就说，可以用它做一个杯子，林子里的小动物可以用这个杯子喝水。

——我看到长长的柳枝垂下来，就跟妈妈说，它好像我们班刘婷婷的辫子。

也会遇到沉默的局面。这时候我会说：“没关系。今天的晚饭桌上，请爸爸妈妈讲讲你小时候写作的故事吧。告诉他们，不是只有写作文才是写作，写作是一件随时随地会发生的事情……”

我相信所有的父母，只要跟孩子相处过，都能说出无数类似的故事。父母收集着这些珠贝一般的只言片语，充满欣喜，充满惊讶。展现在面前的难道不是一个天生的作家吗？他对语言深怀好奇，对世界充满感受力——这些，正是一个作家需要的特质！

人，天生都是会写作的。写作一点也不神秘，在最开始的时候也不困难。**当你专注于一件事情，一个想法，一种感受，等等，你不仅自己**

沉浸其中，并且能够用语言和别人分享，这时候你所做的，就是作家的工作。语言就成了连接你与世界的通道。

创造给心灵带来愉悦

在教儿童写作的过程中，有一件事，我一直视为最美的收获。

那是在一堂“怎么过生活，怎么写诗歌”的课结束后，一个叫李霞的妈妈发来九岁儿子写的诗：

发出沙沙声的竹子

刮风了
学校楼顶的竹子往后仰
竹子们发出沙沙声
老师并不在意，可我却在意
因为每次无聊时
我都会注视着它们

妈妈告诉我，孩子说，写出这首诗他很激动。

我认为这首诗已经很棒了，而比诗更棒的是这份激动。

这份激动是创造性劳动带来的。我理解这份激动就是一个人诚实勇敢地展示自己的情感时，身心所感受到的能量。

我们来揣摩一下这个九岁男孩的内心世界。在枯燥的听课、作业之

余，他注意到了窗外这丛竹子，竹子摇曳的身影和它们发出的沙沙声抚慰了这个男孩。人的眼睛是需要一个落点的，就是一个愿意停留的地方。就我自己的体验而言，生活在城市，过着两点一线的单调生活，有时候觉得眼睛都要干涸了，会很难受。然后我就去玄武湖，那是我能够最方便接近的自然。在视线接触湖水的瞬间，我就明白我的干眼症不仅仅是一个生理的问题，还是一个心灵的问题——眼睛需要那荡漾着波光的湖水抚慰，需要远处青色山峦抚慰，需要岸边垂柳与水杉、菖蒲与鸢尾抚慰，需要鸟儿们拍打翼翅从空中飞过的身影抚慰……如果有一段时间没去，我就觉得眼睛干涸，心灵没有光泽了。

大自然的身影，常常成为心灵的源泉。对于这个九岁男孩，这丛竹子就是日常生活中滋养抚慰他的事物。这孩子本能地知道这一点。

他上了诗歌课以后得到启发，不仅感受到这一点了，还通过语言把这种感觉表达出来了。与此同时，他又从这个艺术创作过程中获得快感——原先只是依靠本能与直觉感受到的情感，经由语言的表达之后变得更清晰更浓烈，而且还能抵达他人，所以他就激动了。

诚实地表达自己是件愉快的事情，又是一件很深沉的事情，九岁的孩子自然而然就感受到了这种深沉的喜悦。

这是所有表达最终的朝向。我们学习运用词语，学习写作技巧，目的都是把身心感受到的东西有效地传递出去，为此我们才锤炼自身的表达力。

孩子的妈妈也很激动。因为她看到孩子既能体会生活中的美，又能表达这种美，他拥有了创造美的能力，她为此而激动。

为什么要练习表达和写作呢？我的答案是：因为要过有创造性的

生活。

那我们为什么需要创造力呢？

因为创造让内心愉悦。

因为在创造中才能感受到生命的意义。

一直以来，我们对创造的理解偏于狭隘了，它好像是艺术家的专利，或者只属于少数有才华的人。

但事实上对创造的理解可以宽泛得多。

阅读是一种创造。在阅读过程中，那黑色字符、原本抽象的符号转化成头脑中的意象与画面，与你自身经历产生共振，这就是一个创造的过程。

捡枯枝、落叶和花朵插在瓶中，欣赏它们带来的美感，这是创造。

按自己的审美修改一件衣服或者把旧袜子套在拖把上再次利用，这也是创造。

…………

每个人都可以训练和拓展自己与生俱来的创造力。写作正是其中一途。

当孩子们自由地写作，他们会感受到自身创造力的激发。他们书写自己心灵的故事，是在为自己创造，而不是为他人的称赞与认可创造。回报就藏在表达观点、表达情感的过程中。

创造力带来的快乐和满足会在创造的过程中浮现出来。这就是我把那九岁男孩写诗的激动视为最美收获的原因。

像作家一样生活

多年前，我看过一部好莱坞大片。电影开始，一名女子在做家务，同时响起画外音：今年我八岁。作为观众我就很纳闷了，她明明是个中年女性，她都有孩子了，为什么会说“今年我八岁”呢？

看下去才明白，这名女子曾经是名特工，在一次执行任务时遭遇爆炸，被震晕过去。苏醒时，她发现自己失忆了。从爆炸到银幕开头的那个时间段，正好是八年，所以她说“今年我八岁”。

这使我感到震撼。记忆对于我们每个人意味着什么？你失去对一段时间的记忆，就像那段时间不曾存在过，就像你从未生活，乃至从未出生。

我自己有这种体会，几天没记日记，事后回想那些天怎么过的，几乎什么都想不起来，哪怕那就是近在咫尺的前几天。事件，情绪，全都湮没了，那几天的时光也湮没了。日子成了一片混沌的遗忘之海。

日常生活中我有一个习惯，经常与家人说着说着话，就要扯过一张纸，在纸上写点什么。家人好奇地问：“你在记什么？”

“我想把你刚才说的那句话记下来。”

“那有什么好记的？”

是啊，好像都是些很普通的话，尘埃一样短暂地悬浮在空中，旋即降落，再无迹可寻。然而我记下来，就撷取了生活的一瞬，那一瞬间因为记录这一行为，而由黯淡的尘埃变成了晶亮的宝石碎粒。

写作之所以重要，我想首先它是挽救似水流年的一种方式。文学是一个民族的记忆。也许我们做不到这点，但你的文字至少可以成为你这个个体生命的记忆。

我经常叹息于生活的日复一日。我想去看风景，感受种种不一样的人生。但人生确有责任的限制，让你无时不在枷锁中。生活每天都很相似，今天和昨天貌似并无分别，这种单调感让时光的流逝在心理上显得更加迅速。为什么在旅途中我们会觉得时间过得快一些？因为旅途中每天都是变化的。

我去不了远方，至少暂时去不了。那么，何不把写作当作一种旅行的方式——无论我们身处何时何地，身边总有许多正在发生的故事。实际上，故事太多了，我们每天遇见很多人、很多事，我们只是经过，看到，却从未留意它们。写作可以把我们从麻木无感的状态中唤醒。

我一直倡导像作家一样生活。像作家一样生活，并不是每个人将来都要成为一名职业作家，但我们可以从现在开始，尝试这样一种生活态度——像作家那样去观察与记录，去回忆与想象。

春游的路上，你突然停下脚步，为什么呢？因为被石头缝里的小草吸引了目光，忍不住蹲下身来端详。当你这么做的时候，就已经是在像作家一样生活了。

夜晚，抬头撞见靛蓝天宇上一轮金黄的月亮，你问自己：这是上弦月还是下弦月呢？当你为弦月的美倾倒，想了解它更多，你就是像作家一样生活了。

诗人里尔克说，为了一首诗我们必须观看许多城市，观看人和物，我们必须认识动物，我们必须去感觉鸟怎样飞翔，知道小小的花朵在早晨开放时的姿态。我们必须能够回想：异乡的路途，不期的相遇，逐渐

临近的别离……

是的，诗人都是这样生活的。我们也可以。试一试吧：当你走过城市的大街小巷，你对自己说，现在，我要像作家那样去看；当你走过教室长廊，你对自己说，现在，我要像作家那样去想……也许你会看到更多，想得更有意思。日常生活会因此展现出丰富的色彩，周而复始的生活会因此充满期待与奇迹。

写作上的物质准备

1. 笔记本。

挑选和购买笔记本是种莫大的乐趣。让自己好好享受这种乐趣。

随之享受在笔记本上写下第一行字，然后是越写越多带来的成就感。

许多作家也热爱购置笔记本，这一定不是偶然。

2. 笔。

席慕蓉曾提到，在她孩子幼小的时候，她为孩子选购蜡笔，永远挑选颜色最多的套盒——64 色，因为她希望当孩子们想要画下大自然的神奇时，不再捉襟见肘，而是有充裕的颜色可供选择。

挑选粗细适中、书写流畅的笔，此外还有各种颜色的笔。去尝试有趣的排版格式，给每篇日记配插图，利用多种记号、图案、颜色来丰富你的写作内容。

3. 灵感盒子。

我家中随时会发现秋秋留下痕迹的纸片：剪纸、涂鸦、手工……大小不一，颜色各异。她是个什么都舍不得扔的孩子，旅游纪念品、收集的心爱图片、河岸捡来的石子……统统视若珍宝地收藏着。

不要轻视这些小玩意，实际上我可以说，所有这些都可能成为表达思想和感受的材料。它们或者是灵感的产物，或者可能成为激发灵感的道具。

准备一个盒子吧——当然未必一定是个盒子，也可以是个篮子，是个抽屉——把涂涂画画过的日记本、乱七八糟的小纸片、信手的涂鸦、心爱的小石子、珍藏的明信片……都放进这盒子里。这个盒子，就成了收藏灵感的创造力之盒。

不要让盒子里的东西长期沉睡，要经常打开盒子看看。一旦打开，你会发现灵感在那儿等待你，期待着被重新唤起。

我的灵感盒子里有本日记本，里面记下了十几个我曾经想写的童话各自的标题或者只有一句话的灵感。这些“大坑”中的多数我永远也不会填满，但也有可能某日捡起其中一个题目，唰唰唰写下去。这种从内心涌出的创作冲动是无比珍贵的，灵感盒子就是存储这种冲动的仓库。

4. 把尽可能多的世界请进家来。

念小学的秋秋曾经就一束勿忘我写过一篇很好的作文。她写到花朵的蓝色与花蕊的白色，写到花朵的气味与手指抚触的感觉，她绕着花束详详细细地写，那些文字仿佛也成了这束花的一部分。

这篇美好文章的源头，仅是因为某日我买了一束勿忘我，插在花瓶里，放在卫生间。这束花吸引了她的注意力，她进进出出时都会停下来

打量。

最细小的新鲜事，可能都会被孩子看在眼中，装进心里。世界在孩子眼中是如此新奇美丽，充满了希望和刺激——对，刺激，我们应该时不时地创造一些小小的美妙的刺激，比如买一束花，养一只宠物，讲一个笑话，讨论一幅画……

一成不变的生活与环境会让人变得麻木，一点点变化都可能像阵微风，让生命为之一振。

家里要有一些基于实用目的之外的东西，或者说，考虑实用的同时也不妨在意一下审美。比如买下一只锡制盘子，不为盛菜，只为它银白的光华；添置一把长柄伞，只因你迷恋它的形状与图案；一个诗人回忆他的母亲总是把后院里的植物采摘回来，随手插在厨房的各种水罐、玻璃瓶中，仿佛把山野也引进了厨房……这些只会花费有限的金钱，甚至不需要什么钱，它需要的是一种对生活的审美的态度，需要的是一颗不曾麻木的心灵。

每年冬天我们都会买几颗水仙球，养几盆水仙，这使得秋秋一直对水仙有着特殊的感情。毫无疑问，在所有的花儿中，她最了解和喜爱的莫过于水仙了。她上大学以后，修了版画课，就用自己新掌握的技艺，在木板上刻下水仙的倩影。

艺术的刺激就这样无所不在。能否把尽可能多的世界请进家中，这取决于你的生活态度。如果能有意识地做一些尝试，你便会拥有一双更加善于感受神奇和美丽的眼睛。

有力量的语言

我曾在一所小学做一个与写作有关的讲座。讲座结束后大群孩子等着我，我们约好做进一步交流。此时当地电视台要求采访我一下，记者把我带离人群，到一个安静地方完成采访。结束后我朝孩子们所在的地方走去，一个小姑娘迎面跑来，一见我，她说：

“章红阿姨，我们急。”

在那一刻，我为这小姑娘简洁有力的表达感到惊讶和喜悦。

欣赏这种简单朴素语言的人远不止我一个。日本作家西尾富写过一篇散文《伯伯，挺冷吧》，文中一连记述了三件与孩子们的表达有关的事。

初春的早上，他向平日上下班的电车站走去，途中看到几个四五岁的男孩在玩耍嬉戏。从他们身边走过的时候，一个男孩仰头看着他说：“伯伯，挺冷吧？”他也自然地顺口回答：“嗯，真冷啊，小家伙。”就走过去了。

可是这简单的一问一答，让他心里有了不一样的感觉——他感到十分温暖，脚步都变得轻快了。

一天傍晚，他下班回家。刚下过一场大雪，必经的广场被雪覆盖了，只在边缘被人踩出足迹，这路径仅容一人通过。他踩着那些脚印一步一步往前走的时候，觉得身后好像有人。接着他听到了一个可爱男孩的声音：“这路可真窄呀！”他未及回答，那个男孩已经毫不介意地走过去了。

而他的心情又神奇地变得爽朗明快起来。

又一个早晨，他朝任教的学校走去，一个学生从他身旁快步走过。学生身穿崭新校服，可能刚入学不久。一会儿，身后又走过来一个学生，向他问候：“老师早！”是他教的一个五年级学生。这时，刚才超过他的那个新生一下站住了，等他走近，那孩子说：“老师早！”

他回应道：“你早！”话音未落，那孩子又接着说：“老师，刚才我不知道您是老师。”

“章红阿姨，我们急。”“伯伯，挺冷吧？”“这路可真窄呀！”“老师，刚才我不知道您是老师。”

——孩子们把眼前所见、心中所想如实地、毫不犹豫地说出来，那种天真朴素、淳朴自然的真诚有一种温暖人心的力量。

“像这种不加修饰吐露出的话语，具有奇迹般打动人心、使人愉快的力量……恰恰是这样的语言，才可以称得上是具有生命力的语言！”西尾富如此说。而我也完全赞同这种见解。

有力量的语言是从内心端出来的简单直接的语言。

宝芸，一个六岁的孩子，上过我的“隔天写诗”课程，前些天用微信语音对我说：“章红阿姨，春节我包了饺子，我包的饺子扁扁的，非常非常扁，就像饼干一样。”

我笑了，她随口说出的比喻多么有表现力啊，我顿时能够清晰地感受到她包的饺子有多扁。

而当我看到小学生读后感写“这本书是一幅美丽的风景画……”“这本书是一幅栩栩如生的人物写生画……”“这本书是一幅富有哲理的抽象画……”；当我看到女儿读小学时描述春天的花朵，只会套用别人“红的像火，粉的像霞，白的似雪”的句子，我感到一种威胁：童年那种纯净的力量在误入歧途，孩子特有的敏锐直觉在消失，他们不假思索地表达情感的能力在消失，空洞的陈词滥调占了上风。

初涉写作的孩子，表达还谈不上是一种技术，只要清晰、真实、自

然地表达，就完全达到要求了。

让我们舒心地笑，自然地说话，这样的表达必定会抵达他人的心灵。

词语是你的积木

我在诗歌课堂上，曾经布置过一次拼贴诗练习：

> 找一篇短文，散文、随笔、短篇小说，任何体裁都可以，总之不太长的文章，将其中的词语剪切下来，重新搭配，拼贴成你的诗歌。

我们得到了一些优美的收获。下面是一对母女分别完成的作品，第一首是妈妈的。

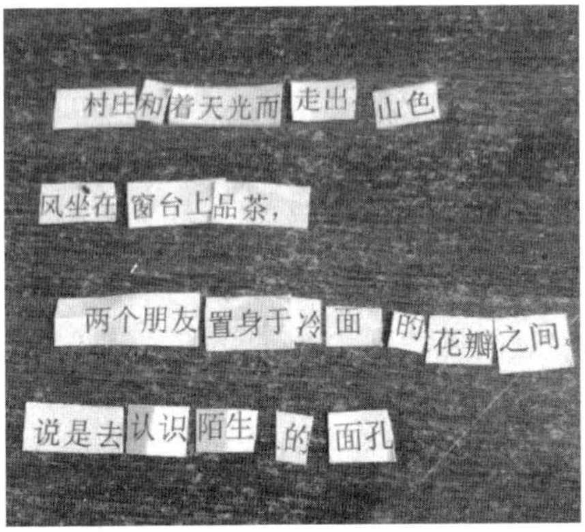

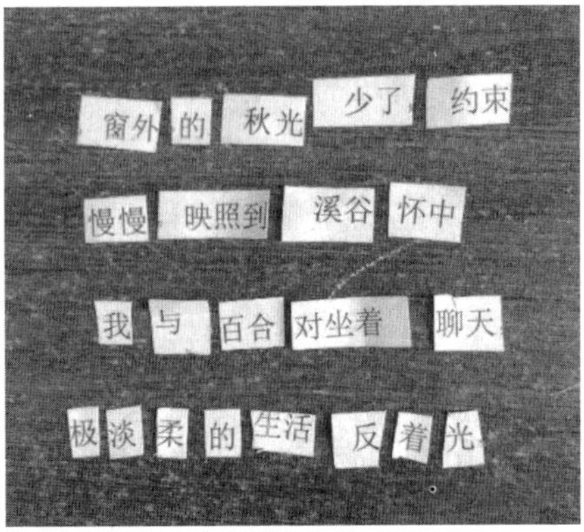

大家的感受是：“太好玩了！”

也有人狐疑地问：“这不就是文字排列游戏吗？”

说对了！拼贴写诗就是让大家都来当一名游戏者。就像小时候玩积木一样，我们来跟词语玩耍，重新打量词语，尝试各种可能，通过词语的搭配创造出新的语义，写出你自己的句子。

我看过一个五岁男孩搭积木，他坐在我们家卧室的地毯上，积木摊了一地。他耐心打量和选择每一块积木，搭建他的建筑物，老实说那是个相当复杂的物体。如果你路过他身边时不慎踢到他的积木，他会生气和烦躁，因为你打断了他的工作。

如果你把词语当积木玩，也能进入这样一种入迷的专注状态，那么恭喜你，你一定能创造出很有意思的作品！

对孩子们来说，游戏就是工作。记得秋秋念小学三年级时，曾经用班级里同学的姓名编过一组名字谜语：

马棚里下雨，马很爽——马雨爽

魏国文人的心脏——魏文心

严格的雨水文艺——严雯

秦国的有思想的长羽毛的东东——秦思羽

徐悲鸿在南京——徐宁

唐朝有盏明亮的灯——唐亮

哈哈，谁能说出“严格的雨水文艺”到底是怎样的文艺？“秦国的有思想的长羽毛的东东”就更无从得知是什么神奇的造物。这种无厘头的表达，就是图个好玩。可是能够用自己的方式创造出好玩的东西，在创造的过程中感受到快乐，这是多么棒的一件事啊！这本身就是创造力的体现。

法国画家艾姿碧塔，也是一位儿童文学作家，曾说：

孩子和艺术家住在同一个国度里。那个地方没有边界，却是变化万千。在那里，丰富的语言可以被任意地拆分再组合。

不妨把词语当积木，任意地拆分组合，回到童年的游戏时光。在与词语玩耍的过程中不知不觉地熟悉“词性”，如同一个渴望学会游泳的人熟悉水性一样。逐渐地，我们就习惯了用词语描述事物，传递想法。

我热爱的一位美国诗人玛丽·奥利弗写下过这样的诗句：

不必是
蓝色的鸢尾花
或许只是
一块空地上的杂草，一些小石子
无须精心制作，你只要专注
用一些词将它们缝缀起来
这不是一种竞赛
而是通向感恩的大门
是一种沉默
使另一种声音能开口说话

这样去理解写作艺术是多么美妙啊：**写作不是竞赛，而是让卑微如杂草、小石子的事物，让那些缄默，通过词语的缝缀可以开口说话。**

让自然唤醒心灵

写作不可能是无源之水，想有东西可写，就要让内心储备一些东西。而大自然是丰富心灵的良好途径。

大自然并非仅仅在遥远之地，在深山僻壤，我们周围就有着随时可以亲近的大自然。我们见不到狮子、猎豹、北极熊，但可以轻而易举地遇见枫树、栾树、槐树、椴树、榉树、松树……遇见芙蓉、山茶、玉兰、凌霄以及无数不知名的小花小草，它们是身边最普通的物事，是最容易接触到的自然。

一天当中，天空也会经历许多变迁。光线、云彩的变化，太阳的起落，月亮的圆缺……这些都是身边的自然。

四季流转也是日常生活中每个人都会经历、感受到的自然现象。你可以观察树叶的色泽如何在季节中变化，花朵何时开放又何时凋零，天空与云彩在四季中各有怎样的面貌……写作的时候，把季节的特征写进作品中，会给你的作品增色很多。

海伦·凯勒曾在《假如给我三天光明》中记述过这么一件事：

一位朋友来探望她，并且这位朋友刚从林子里远足而来，海伦问她观察到了些什么。朋友说："没什么特别的。"

要不是我惯于听到这样的回答（因为我很久以前就已确信有视觉的人看得很少），我简直会不相信自己的耳朵。

在树林中穿行一个小时，却没有看到什么值得注意的东西，这怎么可能呢？我自问着。我这个不能用眼睛看的人，仅仅凭借触觉，就能发现好几百种使我感兴趣的东西。我用双手亲切地抚摸一株桦树光滑的外皮，或者一株松树粗糙不平的树皮。在春天，我摸着树枝，满怀希望地寻找蓓蕾，寻找大自然冬眠之后苏醒过来的第一个征兆。有时，我感受着一朵花的可爱而柔润的肌理，发现它那不平常的卷曲……如果我非常走运，将手轻柔地放在小树上，我可以感觉到小鸟在音律丰满的歌声中快乐地跳跃……

海伦感慨说，在光明的世界中，视觉这一天赋的才能，只被大多数人作为一种便利看待，而不是作为丰富我们心灵的手段来看待，这是多么可惜啊！

写作是一件身体力行的事情。在你的头脑开始写作之前，要先让你的身体去写作。走出去，观看你的城市或乡村，认识植物的名字，嗅闻草叶的气息，看野猫怎么行走，注视小鸟从这棵树飞到那棵树……置身自然，对你的身心健康很有好处，你也可以写得更好。

不妨尝试做一做自然笔记，就像一个南京小学生曾经做过的那样又写又画：

画一枝粉白的小花，注明“鸡鸣寺的樱花开了”；

画半个红瓤西瓜，“街口开始出现卖瓜的卡车”；

画一只蝌蚪，“珍珠河里的蝌蚪长后腿了”；

家里养的小白鼠、豚鼠、金鱼、兔子等宠物的各种休养生息都记录下来……这个小学生长大后成了一名作家，叫邹凡凡。

“我在自然中间听到一种秘密的声音，这种声音在我的生命里变成了诗。”（顾城语）当我们为白雪一样的绣线菊惊奇，为大鸟掠过湖面拍打翅膀的样子感慨，诗意自然而然就从心中升起。“那些感受大地之美的人，能从中获得生命的力量，直至一生。”（蕾切尔·卡逊语）

认识事物的名称

诺贝尔文学奖得主、加拿大作家艾丽丝·门罗在小说《门斯特河》开头写过一首小诗：

耧斗菜、血根草和野佛手柑，
抱个满怀，
我们跌跌撞撞地走。

我的一个作家朋友韩育生读到这首小诗，立刻联想到家乡山坡上那些随处可见的野生植物：圆叶锦葵、丝茅草、蒲公英、尼泊尔蓼、铁线莲、黄花角蒿、二色补血草、益母草……呼唤出这些名字，诗意立刻跃然显现。

获得过普利策奖的美国诗人威廉·卡洛斯·威廉斯关于写作有这样的教诲：“不要概念，而要具体的事物。”他总是在诗中清晰交代一草一木一花的名字：雏菊、刺槐、白杨、樱草、紫丁香……

我们不妨向作家们学习，从了解万物的名称开始去探究世界，就像知道一个人的姓名是认识他的开始一样。

比如描写教室，你可以说“窗台上放着一盆植物”，也可以说“窗台上放着一盆金边吊兰”。哪个好呢？

“放着一盆植物”，读者的想象力是没有落脚点的，因为植物太多了，植物是一个笼统的大概念，让人不知从何想起。但一盆“金边吊兰”，读者眼前立刻可以浮现出那绿金色的窄长叶片，甚至联想到它在阳光下鲜明耀眼的模样。

诗歌班的蓝鹊小巫写过一首《福州的春天》：

福州的春天

针叶松依然墨绿
谁和春天一起动身了呢？
榕树偷偷揣起一个个红黄色小果实
阿拉伯婆婆纳给绿色草丛
染上点点蓝印
紫花地丁磨它三角形盾牌
散兵游勇的藿香蓟集结在了
草地、田间
还有牛膝菊、小黄堇……
哇
原来大家都到齐了

我也做过一个写作实践，把在玄武湖遇到的次第开放的花朵一一数了个遍。

我历数了这个春天遇到的花朵

这个春天，始于梅花的暗香浮动
旋即落下樱花的大雪
婆婆纳冒着早春的瑟瑟寒风
从草丛里探出蓝色的精妙小灵魂

接着二月兰撒满坡岸
杏花、桃花、李花陆续地开了
山茶朱红，边开边落
海棠的绯色多么端庄
晚樱要开上很久
花瓣像婴儿团团的脸颊
在高处，槐花垂下长长的穗子
一阵风撒落一把清澈的芬芳

后来，睡莲诞生了圆形叶片
如嫩绿晶莹的水滴在大河漂浮
那是绿中的绿，水中的水

黄鸢尾在河岸唱歌的时辰到了
单瓣玫红杜鹃长在池塘一角
点亮一池幽寂

将要凋谢的白鹃梅
散发最后一丝蔷薇科的香气

当睡莲开花
一片浓郁的墨绿中
有白色火焰升起
那昭示夏天已经上路
樱树结出了淡粉的果实

《金蔷薇》的作者康·帕乌斯托夫斯基曾表达这样的意思：如果你叫不出星辰的名字，苍穹在你笔下就会缺乏神采，这样写出来的夜是一回事；如果你懂得星球的运行规律，知道夜晚的湖面倒映出的并非什么泛泛的星座，而是璀璨的猎户星座，那么，同一个夜，便全然是另一回事了。

掌握知识，哪怕是细微的知识，也可以帮你打开审美上的新领域。

你也试试吧！选择视野中的一棵树、一朵花、一种草，喊出它的名字，看着眼前景象，一句一句写，你就写出诗了。

如果你在写的过程中，把你的感受与事物联系起来，那就更加动人。

但至少，你先得知道它的名字，是刺蓟还是婆婆纳，是泡桐还是响叶杨……

“还能坏吗？”

我去过一些学校做关于写作的讲座，讲座结束会给孩子们布置一个练习：用晚饭桌上的菜名写一首小诗。小孩子一开始听我说回家要写东西，都是蛮紧张担心的样子，可听我说出练习题目，他们既感到意外，又立刻放松下来——毕竟，这很有趣，好像也不难。

我也这么想来着，这不难——每天都要吃饭吧，写一写吃的什么，写一写菜的样子与滋味很简单吧？人们对食物总是很容易产生兴趣。但情形还是有点出乎预料，比如我收到这样的诗：

妈妈煮的饭香又香，
妈妈炒的菜是美味。
饭菜很香又很美味，
大家也吃得津津有味。

或者这样：

鸡蛋排骨虽好吃，
青菜番茄不可少。
儿童成长要靠它，
健康营养又美味。

诗中虽然极力想夸奖菜肴的喷香美味，但我完全感受不到“舌尖上的诱惑”。用“香又香”“津津有味”这些粗线条描述替代了对具体事物的真切感受，第二首诗还生硬归纳出“高大上”的主题，读起来真是乏味啊。

布置练习的时候我说得很明确，请以菜名写一首诗。比如有个孩子这样写：

> 今天的晚饭
> 馄饨
> 鱼汤
> 莜麦菜
> 馄饨鲜鲜的
> 莜麦菜咸咸的
> 像牛奶一样白白的鱼汤也好喝

馄饨、鱼汤、莜麦菜，仅仅是这些名词的并列就形成了画面，乳白色鱼汤，青碧的莜麦菜，一只一只包裹着馅料的馄饨……他把他们家的晚餐展示出来了。

儿童文学作家赵菱很善于写食物：“开饭了。三碗雪白松软的香稻米饭，碗口整齐地放着三双青毛竹筷，一碟粉白的新鲜蒜头捣碎后，放了红油油的陈醋、墨色的酱油，扫帚苗摆好端上桌，热腾腾绿莹莹，香气四溢。”

看了这段文字，觉得这顿饭好诱人。再细看，真是寻常不过的东西了：米饭、捣碎的蒜头、一种叫扫帚苗的野菜……很美妙，而且并不难——一样样列出事物的名称，就产生了颜色、气味与氛围。

俄国著名作家普里什文在《著作家》这篇文章中写到一个牧童教给他的写作知识，这是他们的对话：

“你要是照实写就好了。要不然，你大概全是编的吧？”

“不全是，”我答道，“不过有一点儿。”

“要是我，就全那么写！”

“全照实写？”

“全照实写。比方说写夜吧，写沼泽上的夜是怎么过去的。”

“嗯，那是怎么过去的呢？”

“就这样呗！夜。深水洼旁边有好大好大一棵灌木。我坐在灌木下面，小野鸭咻咻咻地叫唤。”

他停下了。我想他是在找词儿或者要琢磨出什么形象来。不料他回过神来以后，却掏出了芦苇笛子，在笛子上钻起第七个孔来。

“嗯,再往下还有什么呢？”我问道,“你不是要照实描写夜吗？”

“我是照实描写了，”他答道，“全都照实的。一棵好大好大的灌木！我坐在那下面，小野鸭整宿咻咻咻地叫唤。”

“倒是很短。”

“你怎么说短呢？”牧童好生奇怪，“不是一宿不停地咻咻咻叫唤吗？”

我一边琢磨这个故事，一边说：“真好啊！”

“还能坏吗？”他答道。

当作家在苦思冥想修辞或形象的时候，牧童干脆利落地写出了自己的“夜”。灌木丛、咻咻叫唤的小野鸭、坐在树下的自己，构成了牧童感受到的沼泽之夜。

“照实写”的意思，就是贴着自己的观察与感受去写，把你看到的、听到的东西实实在在记下来，而不是把词语的刻意求工或形象的雕琢放在第一位。

以下是一个三年级小朋友的作文，我看后为之深深倾倒。

我有一位好妈妈

我的妈妈非常好，她在我考低的时候鼓励我；在我做错事情时，都教我怎么做；在我伤心的时候安慰我。还有一次令我很感动，我运动会跑了第三名，我难受，妈妈说：“宝贝儿，明天就没事了。”结果第二天一起床，我差点忘了这件事呢！我妈妈最好！

熟悉的人

我认识的人很多，但是最有公德心的属我爸。我爸常常提醒那些毁坏公物的人，他的气势很凶，还有乌黑的头发，那些人一见就害怕。我爸虽然凶，但对我们好人很温柔。但一发起脾气来，狗都会被震到天花板上去！我爸从不闯红灯，除非救命的时候。爸，我爱你！

全文没有多少“好词好句”，但你读完会情不自禁地点着头：“真是一位好妈妈哪！”爸爸的形象在短短一段文字中也丰富鲜活，“还有乌黑的头发”，这句看着很无厘头，但是写出了爸爸的健壮气势。细细思量，这就是一个“照实写”的例子，果然不坏。

你有没有一些关于颜色的故事

日本童话作家安房直子曾说，她几乎每一篇作品，都是被一种颜色激发的。

绯红色的野玫瑰、雪夜中亮起的橘黄灯光、一大片蓝色的桔梗花田、绿金色的孔雀羽毛、在森林里歇息的一群白鸟、浅绿色的落叶松林子、鲑鱼肉色的朝霞、一团天蓝色的毛线球……这些来源于生命本身的原色触动她，令她喜爱、痴迷，与她心灵深处的情感产生微妙的应和，于是她从颜色开始构思情节，创造出一个又一个奇妙故事。

《日暮时分的客人》，像一册关于颜色的教科书，教我们重新认识与感知颜色。初冬的黄昏，村里卖布料、纽扣和针线的小店来了一位稀客——一只黑猫，他来是为了给自己的黑斗篷配衬里，以应付严冬的来临的。他想配红色的衬里。

但是，“红色”可不是简简单单的红色。在这只有个性的黑猫眼中，有的红色是夏天正午火辣辣的太阳的颜色，带着盛夏的炽热和痛苦；有的红色会让人联想起像野玫瑰、梅花那样的小花，散发着亲切、香甜的味道；有的红色是红葡萄酒的颜色，让人有醉酒之后的眩晕感……

“不管是哪一种颜色，都静静地睡着，一旦把它们拿下来展开，就都会唱起各自的歌，飘出各自的味道。”黑猫如此说。

其实，如同黑猫对颜色的感悟，我们对生命的感知渠道，有许多原本也在静静地沉睡。那，就让我们尝试从颜色开始唤醒自己的感受力。

安房直子最喜欢写的是蓝色故事。

我相信所有的颜色里，没有比深蓝色更深、更美的颜色了……因为蓝是海和天空的颜色，是最深、最具幻想性的颜色。

只要一去花店，蓝色的绣球花、桔梗和龙胆便会在花丛中夺走我的目光；只要一去服装店，我立刻就会在那么多色彩绚丽的衣服里，选择平凡的深蓝色连衣裙。

这的确是一件不可思议的事情。我想，也许说不定，是我的身体里有一块吸引蓝色的吸铁石吧？

蓝色成了安房直子灵感的源泉，《狐狸的窗户》就是一个蓝色系故事，充满深情与感伤。她说只要属于蓝色体系的故事，就会写得特别轻松顺手，“这也许是‘蓝’的神秘之力帮助了我”。

张爱玲的作品中也充满了种种鲜明的色彩：

看不到田园的茄子，到菜场去看看也好——那么复杂的、油润的紫色；新绿的豌豆，热艳的辣椒，金黄的面筋，像太阳里的肥皂泡。

夏天房里下着帘子，龙须草席上堆着一叠旧睡衣，折得很齐整，翠蓝夏布衫，青绸裤，那翠蓝与青在一起有一种森森细细的美……

张爱玲讲过一个她的颜色故事：父母离婚后，父亲再娶，有一段时间她在继母治下生活，穿衣只能拣继母的剩货：“永远不能忘记一件黯红的薄棉袍，碎牛肉的颜色，穿不完地穿着，就像浑身都生了冻疮；冬天已经过去了，还留着冻疮的疤——是那样的憎恶与羞耻。”

我有一个属于自己的橘色故事。女儿一岁半的时候，我母亲和我们住在一起。有一天，她把孩子爸爸一件穿旧的黑色圆领衫改造成了一条裙子：两只袖子剪掉，衣服中间安一条松紧带，就成了一条无袖小连衣裙了。裙子是黑色的，外婆认为小姑娘穿的裙子应该活泼一点，于是她用橘色的丝线在裙子衣襟上绣了一只螃蟹。

这只橘色的小螃蟹就是独属于我的橘色故事。衣服是孩子爸爸穿旧的，橘色小螃蟹是外婆绣的，连衣裙是给一岁半的女儿穿的，这个橘色故事是关于人类之爱的流动与传承的。

所谓“神秘之力”，其实是外界事物与内心感受产生了最大程度的契合。你有没有从某种色彩中感受到神秘之力？写一个属于你自己的颜色故事吧。

比如，我曾经请孩子们写关于白色的故事。

我问：“白色让你联想到什么？”

“雪花！”

“奶油！”

“花朵！”

“纸张！”

…………

孩子们七嘴八舌，兴奋之情溢于言表。

我请孩子们把自己由白色联想到的事物写在纸上，每个词占一行位置。

“这些事物中会不会藏着故事呢？现在请你闭上眼睛，静静地想想和这些东西有关的事儿，可以是发生过的，也可以是你想象出来的。在脑海中想象出那个场景，那个画面。”

我请孩子们闭上眼睛做两分钟的冥想，让脑子里浮现出故事的画面。教室里静得出奇，孩子们真的已进入回忆与想象的空间。

“好了，现在睁开眼睛，把刚才你脑海中看到的画面写下来。写什么都可以，不要考虑字会不会写，不会的字就空着。开始写吧，写出属于你的‘白色’故事！”

下面是那节课上得到的两个故事：

有一年我在溧阳过年，这一年下了很大的雪，雪就像白色的外套，把天地包起来了。那时候我和爷爷生活在一起。我睡在白雪上，一站起来下面就有一个我的人样儿，然后我往前走了大约一米远，下面就有我的好几个小脚印。爷爷说雪真是一个大画家，它知道我的意思、想法。

有一次爸爸帮我买了一条白金鱼，它看着我，我也看着它。我对它说：“你饿不饿？”它就一会儿游向上方，一会儿游向下方。我便抓了一把鱼食，一颗一颗给小鱼吃。以后我一有时间就给小鱼吃鱼食，直到把它养大。后来我把它放进了玄武湖，我希望它能活下来。

我也写了我的白色故事，那是一些白色花朵：

李花萤白
把碧绿的树叶
也照得透明了

绣线菊总是从枝头先白
一朵朵小米粒似的白花
让一丛花变成个白头翁

白色的樱花
繁复如云意
盛大如落雪

高大的白玉兰，每一根枝丫
都栖落一群白色大鸟
它们的光彩与姿容
让一棵树看起来像天堂

夹竹桃白色的花朵是质朴的
漫长地开着
让疲倦的绿色有所安慰
让夏天多了几分沁凉

随时随地练习写作

写作是表达思想的技艺，可以通过练习更加熟练从容地掌握。但写作练习未必就是坐在书桌前写一篇有头有尾的文章，它是一件可以随时随地以各种方式进行的活动。

上小学三年级时，秋秋有一次因为肚子疼，得到一个下午的空闲，她就用一首打油诗记录下她一天的生活：

早上起床打哈欠
迷迷糊糊吃早饭
一股脑儿上爸车
昏昏沉沉到学校
看看花儿真舒服
我的绿萝长太棒
一进教室做作业
头昏脑涨合本子
一到外语就难受
头脑眩晕无兴致
时间不容我多想
快去别班借借书
吴小姐呀肯帮忙
高兴给她一些纸
书在二班已借到

心中石头落胸口
高高兴兴回教室
音乐课上肚子痛
回家路上疼更疼
疼得走路都不爽
中午越疼越厉害
不得不回家家去
不知啥病没办法
下午只能不上课
老爸带我去看牙
要打麻药真恐怖
打了麻药无知觉
啪嗒一下牙起床
嘴皮无分冷与热
热热成冷冷变热
棉球从牙缝里掉
落进嘴巴真讨厌
赶紧吐出真的爽
写写作业看看书
今天下午真有趣

“啪嗒一下牙起床”,“牙起床”的意思就是牙齿从牙床上被拔起来了，呵呵。我们夸奖了她的打油诗，她爸爸进一步对她提出建议：以后不一定非要把每行凑成一样的字数，你可以写“长短句”嘛。

在日常生活中，我们还可以找出很多练习的方式，比如动员一家人都来写日记。这件事情的有趣程度绝对超过你的想象！

秋爸是个懒人，每天都需要把本子和笔塞到他手中。他的优点是只要我记得把日记本塞给他，他就会写上一页纸——这是他给自己定的原则，每次一页纸，绝不多写。想偷懒的时候，他就把每个字写得像脚趾头那么大，填满一页算数。

这是秋秋的爸爸在家庭日记中记下的一页：

> 一天的日子，大家选取的事情不一样，记述的风格不一样。每个人写完，我们都怀抱着读侦探小说的好奇心，想知道，对方会说今天哪件事情呢？
>
> 如果大家恰好记了同一件事，我就惊奇地发现，三个人看事情的角度不一样，叙述方式不一样，对事情的感受也不相同。写日记给家庭平添许多快乐，无意间也促成更多沟通。
>
> 在家庭日记簿上，每一篇日记之后，我们会有意留出一页空白，也许在以后的日子，就同一件事有人还会想说点别的。

我们还办过一份家庭报纸，起名《唐府报》。

家中每个人都有职位，报长是秋爸，副报长是秋秋，我是小兵，当时我爸妈住在我家，他们是嘉宾。

首先由秋爸撰写发刊词：

> 《唐府报》创刊了！

大家有钱的出钱，有力的出力！

誓让《唐府报》冲出地球，走向宇宙！

《唐府报》刊有“爆炸新闻”——“正、副报长出门后，差点被大风吹倒。人立住了，但唐府的晾衣竿却没挺住，被大风吹断”或者“嘉宾杨老妈勤学苦练奥数，成绩斐然，几乎已经达到小一水平”；刊有“秋秋的地盘”，供她记下有趣的事情；最下角还列出了“本周精选菜单”，回味餐桌上的美食。

这样的写作练习其乐无穷！

来一场举着纸笔的写作之旅

不妨随时来一场举着纸笔的写作之旅，把你见到的事情都写下来，完全照着眼前的事实去写。

我想分享我的两次照实写的经历。

一次是坐飞机时，我详尽地记录下了整个航程中窗外景色随着时间发生的变化。

飞机慢慢升空，底下是道路、田畴、绿树……天地间笼罩一层水汽，一切景物都湿漉漉的，有云水茫茫之感。

忽然，一个瞬间，飞机一跃跃至云层之上，那些人间景象都消失了，现在只有白云的荒原，无边无际。荒原尽头有一抹浅淡的绯红。

天色渐晚，云朵们都不见了，白色原野变成一片混沌的浅蓝。天际浅淡的绯红光带却变得华美了，光带上层是辉煌的橘金色，逐渐向褐色过渡。

那抹辉煌的金色横亘在视野中，把蓝分隔成上下两部分。上方的蓝在明亮的金色辉映下浅淡一些，下方则是深邃的蓝，质地厚重，深不见底，但若细看，能看到泛白的波纹状云彩，像大海中白色的礁石群。

飞机的翅膀始终横亘在视线前方，在天宇之间像只大鸟飞翔在蓝色、金色之间，又像巨鲸的脊背与尾部的涌动。

小朵小朵的云又出现了，浅蓝，朝同一方向倾斜，如同原野上奔跑的羊群或者大海中凝固的波涛。

金色光带深厚灿烂，美丽不可方物。

此刻我的眼前有了一个最美丽的苍穹，底下完全像大海了。最后一抹乌金羽翅般散开，尾部形成一团金色旋涡。天宇由靛青、湛蓝、湖蓝、月白色组成。

巨鸟的翅膀大幅度起伏了几下。

窗外越来越暗，乌金消失了。现在没有什么可看的。舱内灯光映在漆黑的窗玻璃上，像不断掠过的车灯。

我竭尽全力想呈现飞机从升空到不同高度，窗外景色在时间与空间

中的变化。宇宙的变化是如此绚烂、迅疾、微妙、丰富，我盯着它，试图用文字描述下来。

第二个例子，地点在南京的玄武湖。进入冬天后雾霾频繁，每逢空气清澈的日子，我就会抛下手头一切到玄武湖转上一圈。我常常会选一个地方坐下来，然后开始做写作练习：把经过我身边的所有事物尽可能详细地记下来。

坐在一个小山坡上，山坡半面沐浴阳光，半面在阴影下，我随着阳光挪动位置。

一只黄色虎斑猫从阳光里走过，在灌木丛中嗅着，停了下来。

一会儿后，它从灌木丛走到草坪上，站在阳光底下，一动不动，很久。

这当中的某个瞬间，它突然抬起一爪，迅速朝前一抓。一只蜻蜓从草地飞起。原来它为这蜻蜓而来。

突袭没有成功，蜻蜓飞走了。它若无其事地放下爪子，一点也不尴尬，依然从容地站在阳光下面，就这样站上很久。如果不是目击过那一爪，这只猫简直像阳光下的一个梦，它在做梦。它自身就是宇宙的一个梦境。

柳树下四个年轻人在打扑克，都穿着白衬衣黑西裤。貌似房产中介的年轻人，在柳树下打扑克。

一个年轻女子从小径走过，穿牛仔裤，梳着法式辫子，迈着舞步般的步伐。摩登，优美，却把腰间的半导体喇叭放得极其响亮。

三个女子推着童车走过，每辆童车里躺卧着一个婴儿。

我还记下随着时间推移，湖水与天空颜色的变化，云的变迁，风吹拂下柳树的姿态，阴影如何在草地转移，叶子由嫩绿向深绿过渡……我坐在山坡上，就好像坐在日常生活的细节里，不仅不会发愁没有东西可写，反而手停不下来，因为目之所及每时每刻都不一样。一只猫来了，一只猫走了；一只鸟来了，在草地蹦蹦跳跳；这一刻有个樟树的果子落下，下一刻有片黄叶飘落；光线强度在变化，空气里气息也在变化……世间万物变化着，像永恒滚动的一卷画轴。我像画家写生一样，用词语来写生。甚至，有时我也尝试画下来。

那种感觉，仿佛在写作的不是我，而是万事万物通过我在写作。而我自己，也是万事万物的一部分。那是一种非常轻盈美好的感受，是最愉快的写作时光。

“看着它，看着它……”

电影《蝙蝠侠》中，师父教导尚未出道的蝙蝠侠：“永远不要忽略观察你周围的环境！”

观察力是一种智慧，它意味着对世界随时保持一种感知的状态。它远远超出写作的要求，它是人生的要求。

经过我们身边的事物是不断变化的，“看”意味着一种选择：把你感兴趣的东西从周围的景象中摘取出来，这是最初的识别。

“观察”比“看”更进一步。观察就是有意识地去看。你不仅要对事物有个初步的大致的印象，你还要进一步研究细节。

比如有一次上班途中，我看到一只大鸟停留在河岸边。它吸引了我。我希望自己看得更仔细些，便开始在心中自问自答：

这是什么鸟？白鹭。

体形大吗？将近有半人高。

颜色是怎样的？身体雪白，鸟喙为黄色，脚蹼黑色。

…………

这时候我就是在有意识地观察了。观察是在深化“看”的内容，它让你像个侦探一样去关注细节。

我记得秋秋写的《葱兰》，她注意到从家到地铁站的路上，绿茵丛中绽放的小小白花，从植物图谱中她知道了这叫葱兰。她无数次蹲下身去端详它们，抚触它们，嗅闻它们，如此才能写出这样的句子：“葱兰开花了，举着一个个洁白的小酒杯……”

在观察的时候，我们尽量使用所有的感觉方式，视觉、听觉、嗅觉、抚触的感觉全都用上。最强有力的是视觉，但不妨有意识地练习一下运用鼻子和耳朵，让自己逐渐习惯敞开全部的感官，去感受与拥抱世界。

诚如英国作家伍尔夫所言：一切知觉印象都有用处。那天上班途中遇到的白鹭，十年以后，我把对它的观察写进了长篇小说《白色的大鸟》中：

很多年后女孩开始写永宁镇的故事。在某个瞬间，她看见了它，一只白色的大鸟，像一个梦境般出现在河流对岸。

在水边，在雨中，深绿的柳丝下，一只大鸟，独自徘徊。黝黑的长脚杆顶着一团白云般蓬松的羽毛，长长的喙向前伸出，也是黝黑的。正在踱步的爪子是淡绿色，与春天新鲜的叶子一模一样的颜色。全身上下三种颜色：纯白、黝黑、亮绿，泾渭分明。

浑浊翻滚的河水，翠绿的柳丝，一只大鸟从容站立，缓步慢行。

突然，它起飞了，双翅展开，身形顿时大了一倍，黝黑的脚杆收拢在翅膀底下。它在雨雾中拍打羽翼，迅速升起。到达某个高度后，翅膀稳定地伸展开。翩翩白鸟，飞翔在幽深的隧道般的河流上方，飞翔在黄色的波涛之上。

大鸟成了我童年故事的有机组成部分。如果没有那天细致的观察，我不可能这么准确地描摹出大鸟的形貌，以及它逡巡起飞时的模样。

“记住你眼前所见，把目光停在一处，记住它的样子。在下雪时观察它，在青草初长时观察它，在下雨时观察它。你得去感觉它，记住它的气味，来回走动探索山岩的触感。如此一来，这地方便永远伴随你……当你需要它时，它就在那儿，在你心中。”

带着情感去观察

观察的时候把身心放进去，就会得到更多的感触与领悟。

在我生活的环境中，能够最方便接触到的自然景物是玄武湖。我经常到湖边和林子里散步，湖光山色滋养我的目力与心灵。只要有一段时间不去，我就感到心灵要干涸了。这样，我就写下了下面的诗：

如果没有这片水
我会怎样
如果没有水鸭子
湖会怎样
如果没有芦苇和菖蒲
岸会怎样
如果没有莲与荷
淤泥会怎样

会不会
眼窝干涸 死于枯竭

前面是我观察到的湖边的一些事物，然后我把我对湖边事物的感受，对湖的感激之情写出来，这就是对生活的一份领悟。

我出过一个写作练习，写下至少三行诗，包含：

一种花名
一个动态
一种情感

下面是学生们完成的练习：

露天停车场里
刺蓟长在砖缝之间
三片叶子
两片被虫噬咬大半
剩下一片用来盛放
夜流下的泪水

——郑潇哓

黄花风铃木开了
在雨中
一朵朵
好像一只只黄色的小鸟
站在棕绿色的树枝上
等待着下班回家的妈妈

——刘衍伽 一年级

我种的月季
黄的、红的、粉的
枝叶向四周展开
花骨朵儿随风舞动
风再吹一会儿

它们就露出笑脸了

——文毓萱 二年级

鹅黄的素心蜡梅

看起来像圆圆的糖果

闻起来像外婆做的年糕

掉落时像听到

雪花落地

——文毓萱 二年级

波斯婆婆纳

就像春婆婆

春天一到

她就穿上紫色的花裙子

匆匆忙忙地来到草地上

害怕错过花的宴会

——陆品一

水仙的花朵

像一群小孩子

仰着香香的小脸

我觉得我像幸福的妈妈

——翟音睿

茉莉花开了吗？

我想快快折下几朵

别在你耳际的银发间

等不及，怕它的清香散开

我知道

那是奶奶你的最爱

——杨睿涵妈妈

这些诗中，都包含了花朵、花朵的动态和花儿唤起的内心情感。这个练习的目的，就是希望通过观察赋予客观事物情感。美国诗人玛丽·奥利弗说：“我看着某物，看着它，看着它。我看着我自己离它越来越近，为了更好地看它，仿佛透过它的物质形式看到了它的意义……”

是的，如果看得足够多足够久，那些事物那些景象——比如花朵——就会与你内在的情感联系起来。

一次关于“负级地震”的写作练习

我曾经出过一个名为“负级地震”的写作练习，很好玩。

我们都知道地震是一种剧烈的地壳运动，地壳快速释放能量，在这个过程中造成震动，产生地震波。地震的强度会用震级来衡量。震级越高，释放的能量就越大。

我设计了一个写作练习，请大家来设想一种震级越来越轻，从 0 级到 -10 级的“负级地震”。

我先做了一个示范性练习：

0 级地震

一个举着旗帜，喊着“一二一、一二一、一二三四”的暴走团经过

-1 级地震

秋秋同学幼儿时代把席梦思床垫当蹦蹦床跳

-2 级地震

洗衣机甩干时的动静

-3 级地震

隔壁小孩练习小提琴时的声波冲击窗户

-4 级地震

萝卜排骨汤煮沸时锅盖被顶起来噗噗噗跳动

-5 级地震

手机掉到马桶里溅起水花

−6 级地震

一元硬币从衣服口袋里掉到地板上

−7 级地震

原本趴在电视机上的猫咪跳到沙发上

−8 级地震

洗被套，洗衣液倒进洗衣机，被套啪嗒蔫下去

−9 级地震

羽绒服里钻出的一片羽绒落到地板上

−10 级地震

台灯下一粒尘埃飘落到书桌上

每个人可以自由地规定自己的 0 级地震，比如你可以假设班级卫生评比倒数第一的时候，班主任拍桌子是 0 级地震，然后继续往下写，从 −1 级写到 −10 级。

我印象最深的是一个叫天疆的八岁男孩，这是他的负级地震练习：

金鱼跳出鱼缸

枫叶落下被我踩了一脚

玩具汽车往前走了一毫米

钢笔笔尖弯了

太阳被乌云遮住

妈妈把我从被窝中拉出来，外面很冷

吹的泡泡消失了

棉花糖粘住了手

打的水漂太近了

雨把窗帘淋湿了

梦里想说话却发不出声

会写的字忽然忘了

信心没有了

灵感来了又走了

何其细腻的观察力与感受力啊！钢笔笔尖弯了，吹的泡泡消失了，打的水漂太近了，棉花糖粘住了手，这些都属于孩童生活中特有的场景。借助负级地震的写作练习，他把日常生活中的某一瞬间在他内心的痕迹留了下来。

他把看到的、感受到的东西，都作为一种动态写上去了。太阳被乌云遮住，这实际上是无声的，但世界发生了变化，这变化就是一种震动。从温暖的被窝里出来暴露在寒冷空气中，或者雨把窗帘淋湿了，把这样的时刻和震动联系起来，这是一种天才的感受力。只有纯真的心灵，非常纯粹的心灵，才能这么清晰地看到世界某一瞬间的真相。

还有一些震动不是外化的，而是内心感受的折射。比如梦里想说话却发不出声，会写的字忽然忘了，信心没有了……每一种经验都在心灵上留下了印记。因为写作练习，那些瞬间重新回到他心头。我赞叹他在不经意间达到的深刻。

信心没有了，这是某一瞬间的内心创伤，他把这个创伤理解成一种轻微的地震，通过写作练习，他捕捉到了内心感受，达到了写作的一种本质意义——写作的一个重要意义，不就是让人们面对自我吗？

这个八岁孩子无意间进行了一次严肃又充满艺术性的写作，写出了这样既精细入微又异想天开的文字。

一个诗歌学员就这个练习写道：

> 我喜欢这种练习。写出来，既能看清楚很多事情在自己意识里的分量，也把很多一直积在心里的东西梳理了一下，而不是一直模模糊糊不清不楚又挥之不去。因为这个练习，我好像一下子轻松了许多。

负级地震的练习，是在让你尝试用生活中的情境来感受与描绘量化的概念，精细地去察觉生活中的小细节、小变化。文学艺术具有独特的感染力，它与科学表述的区别正体现在这里：文学是用感官与画面来呈现世界的面目。

用一种感官去描写另一种感官

对一件事物的感受，常常是某种感官占据主导。但是，有没有可能多种感官同时起作用呢?

当然这是完全可能的。事实上人的感官感受常常是贯通的、并存的，比如听到铁器在水泥地拖过的声音，我就会感到心脏都痛苦得紧缩起来。一位作家写听到一个女孩银铃般的声音，他可能会联想到一只蓝色水罐，往下倾倒出山间泉水。

不同的音质会让我们眼前浮现不同的色彩、不同的形象。人文地理学家段义孚先生认为：“一般来说，像女高音、小提琴、尖叫声，会让人眼前浮现明亮的带有棱角的形象；像鼓声、雷声或者其他浑厚低沉的声音，则会让人眼前容易出现灰暗和圆形的景象。”

不同个体还会给予人们更加奇妙的不同的独特感受。

女儿小时候喜欢钻到我怀抱里睡觉。很多年以后，我整理东西时看到她用歪歪扭扭的粗大笔迹写的日记：“我在妈妈怀里睡觉。我闻到妈妈的气味，我就想到了绿色。”

有一个小朋友觉得一个星期的每一天都有不同的颜色：星期一是大红色——不知是不是因为升旗仪式，星期二是明黄色，星期三是草绿色，星期四是橘色，星期五是海蓝色，星期六是天青色，星期天是白色。

如果在感受客观世界的时候，努力让所有的感官都开动起来，同时发挥作用，你的感官世界就会变得更丰富，而你写下的文字也会出人意料。试看下面两例：

> 薇龙一夜也不曾阖眼，才阖眼便恍惚在那里试衣服，试了一件又一件：毛织品，毛茸茸的像富于挑拨性的爵士舞；厚沉沉的丝绒，像忧郁的古典化的歌剧主题曲；柔滑的软缎，像《蓝色的多瑙河》，凉阴阴地匝着人，流遍了全身。
>
> ——张爱玲《沉香屑　第一炉香》

织物的触感用属于听觉的乐音来传达，再形成女主人公的情绪意象。

> 他坐下身子，极小心极轻柔地演奏了普塞尔奏鸣曲的一个乐章，那是约可布斯神父最心爱的乐曲之一。乐音像一滴滴金色光点掉落在一片寂静中，如此轻柔，让人们连带听见了庭院里古老泉水的淙淙歌声。
>
> ——黑塞《玻璃球游戏》

属于听觉的音乐用属于视觉的金色光点来比喻。

我们也可以在学习写作的过程中，有意识地去开拓感官。把感受混合起来描写，有可能创造出一些富于表现力的独特句子。

我尝试过这么一次开拓感官的写作练习：

清晨灰白的雾摸起来像……

夏天的暴雨闻起来像……

大风看起来像……

听她哭就像尝到……

看他走路就像听到……

“我坐在孩子身边，没有哪次不发生奇迹。”美国一位儿童教育学者曾这么说。这次写作练习的收获对我来说也成了难忘的奇迹。

在学生们笔下，清晨的雾是这样的：

清晨灰白色的雾像游来游去的小鱼，抓到了它，它又游走了

清晨的雾摸起来像灰兔子的耳朵

清晨的雾像一次性袋子遮着我的眼

清晨的雾像小狗的眼睛

清晨的雾像白云在跳舞

清晨的雾像羽绒被子一样轻柔

夏天的暴雨在大家的记忆里是怎样的气味呢？

夏天的暴雨闻起来像——

融化的冰淇淋的味道

无数条小咸鱼的味道

沸腾鱼里花椒的味道

颜料与油漆的味道

肥皂水一样的味道，滑滑的，凉凉的

空袭的味道

花香的味道

水蒸气潮湿温暖的味道

金属的味道

刚洗过澡时身上散发的沐浴露的味道

一条小河的味道

夏天的暴雨像可怕的巨龙流的鼻涕

夏天的暴雨像婴儿刚换下的尿不湿

孩子们这些不同的感受不仅充满想象力，还有科学依据。暴雨将至，我们闻到的其实是臭氧的味道，有些甜，也有些刺鼻，那是臭氧散发出的新鲜而强烈的味道。大雨落下来后，降落的雨滴会扰乱靠近地面的气味分子，把它们带到空气中。假如你身处山林，这些气味分子就来自草叶、树木。假如你置身城市的街道，闻到的味道则来自混凝土和沥青。有些味道芳香怡人，有些味道则污浊难闻。

大风又是怎样的呢?

大风像一条巨龙，咻一下从我眼前飞过

大风看起来像一个小孩在发脾气

大风像一双粗暴的大手，用一个巨型袋子兜住了街道、房屋以及一切

大风像时光机一样

大风像一把锋利的剃须刀

大风像一根根看不见的头发在围绕着我

大风像透明的玻璃门

听她哭就像尝到——

一个长满虫子的野果

一杯涩涩的雨水

苦苦的黑石子儿

臭鼬的屁

公鸡的羽毛

削笔机吱吱削下的笔屑

孩子们是怎样形容各种不同走路方式的呢？

看他走路就像听到哗啦啦的海浪

看他走路就像听到有人敲桌子一样

看他走路就像观看小丑在用胖胖的肚皮到处弹跳那样搞笑

看他走路就像听到了钟表的嘀嗒声一样

看他走路像听到喝水的咕咚声一样

看他走路就像听一个很长很长没意思的小说一样无聊

他走路就像火箭被点燃蹿上天空那一刻

看他走路就像玫瑰花上的刺一样烦人

每个孩子都创造出了了不起的属于自己的独一无二的句子!

之所以说小孩子是天生的艺术家、作家与诗人，是因为他们的直觉还没有受到过多的压抑与限制，思维跳跃性大。他们不太考虑意义，而是对色彩、声音、气味等直接作用于感官的东西敏感，所以这个练习是非常适合儿童的。

让风成为风，而不是风伯伯

我发现与儿童相关的写作中存在一种趋势，喜欢把写作的对象人格化，简单说，就是滥用拟人。太阳公公啦，月亮婆婆啦，春姑娘啦，冬爷爷啦……诸如此类人格化的称呼，再对应上人的动作，这样一种修辞手法在孩子们的写作中常常见到。

“太阳公公对我笑”，这句子我们都很熟悉，我一直在想，这句子到底是怎么来的？多数时候我们只能看到漫射的光线，并不能清晰看到太阳的形状，何以会产生笑的联想？就算在日出或日落时分清晰看到那个圆球，那火红遥远的球状天体跟一位笑眯眯的老公公到底哪里有联系啊？可这个句子又是这么普遍，这么泛滥，这个陈旧的意象到底是怎么产生的？

我想了又想，觉得这个形象应该来自简笔画，是图画上那个太阳给人带来的暗示。它并不是对真实的太阳产生的真实感受。

为什么写东西给小孩子看，或者教小孩子写东西，就很容易简单粗暴地直接把事物变成人呢？我思考出的原因，是成年人不信任孩子的理解力。我们不太相信小孩子可以按照客观事物的本性去认识它、理解它，于是尽量往人类世界拉扯，要把一切东西都变成熟悉的、方便认知的东西。

这样一种思路，我觉得是轻视与误会了孩童的感受力与理解力，低估了他们的学习能力。成年人以为在迁就孩子的理解力，却不知这种迁就毫无必要。作为如饥似渴的学习者，小孩子很容易把你教导他的东西接受下来，你给他优美的、高级的东西，或者你给他粗陋的、肤浅的表达，他都照单全收。

过于泛滥地使用拟人容易出现哪些问题呢？

1. 把人的想法强加给自然界的各种生物。

比如竹子，有的夸竹子虚心，有的骂竹子空洞。其实夸它虚心也好，骂它空洞也好，都是对思维的一种禁锢。对自然事物加以道德评判，毫无意义，也不合适。自然界万事万物本身就具备独属于自身的无上价值，拙劣的比附只会损害它们的价值。

2. 人类仅仅是地球上的一个物种，面目是单一的，行为是有限的。把远比人类世界丰富广袤的自然万物都纳入人类这个筐子里，势必会限制我们的视野与审美。

那么，是不是拟人就不可用呢？当然不是。拟人也可以用得很好。和隐喻一样，拟人也完全可以是一种相当复杂又有效的表达手法。下面几个例子都使用了拟人手法。

所有的草和小花
都会围拢
在灯光暗淡的一瞬
轻轻地亲吻我的悲哀

——顾城

如果你来访我，我不在，请和我门外的花坐一会儿，它们很温暖，我注视它们很多很多日子了。它们开得不茂盛，想起来什么说什么，没有话说时，尽管长着碧叶。

——汪曾祺

在绿荫覆盖的公园的长椅上，
世界上所有的寂静都跑来跟我坐在一起。
——［葡萄牙］佩索阿

在雨水弄湿的小径上，时辰踮着脚走路。
——［印度］泰戈尔

修辞是类似桥梁一样的东西，它连接起作者与读者的感受。在这几个句子中，桥的一头是抽象的东西，一头是具象的东西。比如寂静，你看不到它，它没有形状，是一个抽象概念，寂静“跑来跟我坐在一起”是一个很具体的形象。一头是抽象概念，一头是具体动态的画面，通过拟人手法把二者联系起来，写出了一种深刻的孤独。

草和小花亲吻我的悲哀，草和小花是具体事物，亲吻是拟人化的可以直接感知的动作，但悲哀是一种内心情感，不是一种直观的东西。如果这句是“草和小花亲吻我”，那就差远了。那就只写出了一种具体的情状，而没有写出心灵的感受。

用得好的拟人，一定要有抽象的元素在里面。从抽象到具象，或者从具象到抽象，当中转折出人意表，就会构建出颠覆性的、有冲击力和美感的表达效果。

从实到实，从具象到具象就没有太大意义。比如：

小鸟在枝头快乐地唱歌。
小树在跟小朋友们招手。

这两个句子的拟人停留在事物原有的形态和本身的特性上面，没有生发出有意义的拓展和情感的延伸，相当于是一种重复。

这是点点小朋友的作品：

虚　　线

妈妈
虚线是很害羞的线
你不要打扰到它

这里的拟人就用得很好。她从虚线的形态出发，把害羞的情感赋予了虚线，虚线的形态是断续的，但并不是从断续的形态就必然推导出害羞这种情感，这里面显然是有推进的。这个推进依靠的是点点小朋友自己的感受力。

修辞对语义要有一种提升，要不何苦用这个修辞？使用修辞，最终的目的是帮助你更有效地写出心灵层面的东西。如果做不到这一点，那我们宁愿春天就是春天，而不是春姑娘；风就是风，而不是风伯伯；太阳就是太阳，而不是太阳公公。

通过词语发掘生命中潜藏的故事

词语写作练习，可以帮助大家发掘生命中的故事，发掘沉睡在意识深处的那些秘密。

这首诗出自美国诗人威廉斯：

杨树林有只小鸟，
是太阳！
树叶像小金鱼在水中游逛。
小鸟轻轻掠过枝头，
翅膀驮起白天的时光。
太阳神！
正是他创造了
杨树林间辉煌的光芒。
光芒在歌唱，
超越了树叶在风中碰撞出的
喧嚷。

我从这首诗中挑选三个词，比如杨树、金鱼、翅膀，每个词给出两种解释。第一种解释是客观的词义，就是不包含个人情感、具有普遍性的概念解释。第二种解释是给出这个词在我个人生活中引起的回忆、联想、感受，写出那个场景或故事。

杨　　树

1. 一种速生树种，路边和公园都常见到，也经常种植在江边作为防风林。卵圆形叶片，春天会飘絮，一团团白色絮状物在地上滚动。

2. 高二那年，我被派去参加全国奥林匹克数学竞赛，在考场上一道题都没有做出。回县城的路上，我的心情糟透了，一个人默然注视着车窗外。公路两边种着杨树，我看见一排排杨树迅速掠过车窗，一排排杨树又滚滚扑来。从此，这个景象就印在了我脑海中。

处于青春期的我常对自己说，属于我的日子还没有来临。就在那个车窗旁，我第一次意识到这句话可能有点错误，所有经过的日子都是我的日子，一切终会过去，一切必将到来，如同这滚滚扑过的杨树的绿色波涛。你所经历的日子被抛在后边，新的日子又迫不及待来临了。

我的小说《白杨树成片地飞过》就是从这个场景诞生出来的。从一个场景可以诞生出长长的故事。

金　鱼

1. 一种体形很小、眼睛鼓凸、供人观赏的鱼类。

2. 秋秋念小学四年级时，和同学一起去玄武湖的儿童乐园玩。儿童乐园里有个水池，里面养着金鱼，交五元钱就可以钓鱼，钓到的鱼可以带走。她们钓到了小半桶金鱼，后来老板都不让她们玩了。

秋秋把金鱼装在桶子里拎回家，当天晚上鱼儿开始一条条死去。最后一条鱼是蹦出水桶，落到地板上死掉的。

从那以后，秋秋一经过当初放鱼桶的那块地方，就会一蹿而过。偏偏那里是过道，一天要经过很多次。

而且，她再也不敢看鱼，回避一切鱼形状的东西，因为这次经历使她初次意识到生命会消失。

翅　膀

1. 鸟类还有昆虫特有的身体器官，帮助它们飞行。

2. 中央电视台预报天气的节目有个图标，云朵一动一动的。那时候秋秋周岁左右，特别爱看这个画面，总是叫：小翅膀小翅膀！

你可以任意选择三个你感兴趣的词语，按照上面的方式来做练习：每个词语给出两种解释，一是普遍性、一般性的解释，二是关于这个词语的仅仅属于你的记忆与感受。通过词语的提示，写出你生命中的一个故事。你可以试着一遍遍去改写，比如改写成分行的诗歌，也可以发展成一个长长的完整故事。

美国科幻小说作家、《华氏451》的作者雷 · 布拉德伯里一生非常高产，他的写作启发了无数读者。二十岁出头的时候，雷就开始玩词语联想的游戏。每天早晨起床，走到书桌前，他会写下脑海中出现的任意一个词或一个句子。接着他就投入与这个词的战斗中——把各式各样的人物带到这个词面前，掂量它的斤两，思考它在自己生活中有何意义。一个又一个完整的故事就是这样成型的，他一生都用这种方式写作。

你也可以！

重要的是你要敞开全部的生命，回忆、挖掘人生的种种经历，所有大事小情：你所处的环境，你面临的问题，你的悲伤、困惑、欢乐、苦难……当你书写它们，就是在书写你的生命之诗。

第二章

CHAPTER 2

诗意是生活中的光

比当一个诗人更重要的，

是像诗人一样去生活。

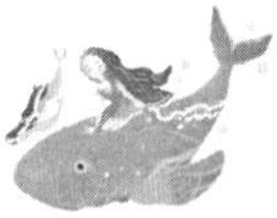

天下没有比好诗更灵巧的教师

我建立了一个诗歌练习群，名为“狄金森的草原”，源自美国诗人艾米莉·狄金森的诗句：

造就一个草原
需要一株三叶草和一只蜜蜂
…………
再加一个白日梦

那段时间，我常常去玄武湖的樱洲。黄昏，公园里少有人迹，一片辽阔的墨绿色中，车轴草的小白花像星星一样寂静地闪耀。

说辽阔，再怎么也不过是公园的一片草坪。然而，在从一座高楼到另一座高楼，日复一日循环的生活中，这片城市中央的草地犹如我的圣殿。

就是在那一刻，我对自己说：为什么不假装它就是我的草原？

这就是“狄金森的草原”的来历。

人们对诗总有误解。比如：“生活不止有眼前的苟且，还有诗与远方。”仿佛诗必定意味着远方，远方才有诗。

然而我去不了远方，至少暂时去不了，也可能永远没有远方。生命的根深扎在这平凡琐碎的生活中，我不能把每天都在过的日子当作苟且，只是应付，体验不到生而为人的喜悦。

有没有可能，日常生活并不是苟且，而是诗意的源泉？

有没有可能，我们可以通过写诗来捡拾生活的珠贝，让日子叮叮当当唱起歌来？

这就是我的文学拯救行动的初衷。我选择了诗歌作为切入点。诗歌短小，练习起来并不难；诗歌的意象跳跃，符合小孩子的思维特点。

那，到底什么是诗？

听　写

Sunshine

我唯一的快乐
就是书
你却把我的快乐
夺走了
说，来听写

这是一位妈妈记下的家里小朋友的话。这算诗吗？算。它描述了几乎每个家庭都会见到的场景：小孩子沉浸在书中，妈妈拿走他的书，说要听写了。这种日常场景我们真是太熟悉了。如果再深想下去，你可能会意识到人长大中的每一天都在失去，在被剥夺。快乐在失去，时间被剥夺，但是一个小孩子不能不听写。他要接受很多训导、规则，为将来的生存而训练自己。这不就是现代人异化的过程吗?

当你用语言还原生活中的某一件事或某一个场景，事情本身内在的张力就会构成诗。生活中随时随地都有诗，当这些诗迎面撞过来的时候，能不能接住，取决于你的敏感性、你的判断力。

一个和孩子一起练习写诗的妈妈对我说："我很喜欢老师的写诗课，只是我还没找到写诗的突破口，乱写了一些东西，可能达不到老师的要求，不敢发上来。不过把生活过得诗意的这种细微感受，我已经有了。"

写诗，正是那一点"细微感受"啊！如果你保持敏感，对一切美好的事物、丑陋的事物都保持敏感，你就会发现平凡生活里的诗意，发现生活每个瞬间里的光芒。

什么是诗

［英］依尼诺·法吉恩

什么是诗？谁知道？
玫瑰不是诗，玫瑰的香气才是诗；
天空不是诗，天光才是诗；
苍蝇不是诗，苍蝇身上的亮闪才是诗；
海不是诗，海的喘息才是诗；
我不是诗，那使得我看见听到感知某些散文无法表达的意味的语言才是诗。

但是什么是诗？谁知道？

玫瑰的香气、天空的色泽、苍蝇翅膀上的亮闪、大海的喘息，这就是蕴藏在事物中精细微妙的东西，是生命饱含生机的部分。诗歌就是要突破事物的概念去领略这些微细之处，去感知生命的动态。

比当一个诗人更重要的，是像诗人一样去生活。“把生活过得诗意的这种细微感受，我已经有了”——仅此一点就是自我成长的一大步。一首诗写得好不好没那么要紧，在你之前有无数杰出的作品写出来了，在你之后还会有无数杰出的作品写出来，难道我们的诗因此就没有价值吗？当然不是！世界何其辽阔，但对于你来说，你的心灵、你的生活才是最重要的。学习写诗，其实不只是为了写出诗来，而是以诗歌这种短小的体裁作为契机，练习用文字表达自我。

教写诗，我是想让一个人从童年时代开始就拥有自由写作的意识和习惯，训练自己的表达能力。如果表达能力不够，体验和感受到很多东西却说不出来，那些感情、感受、思想和印象没有被表达出来，它们就会在一个人的内部堆叠起来，越堆越重，一个人的心智成长就会不断被压抑。

现代诗没有格律的要求，完全可以成为文字的自由舞蹈。如果我们再去除传统文学观念中的一些限制，在题材与手法上给予诗歌更大的自由度，那真的每个人都可以写出诗来！

我知道天下没有
比好诗更灵巧的教师，
不仅将人内心卑污的一切

抑制下去，

也教给高尚的思想，可爱的言辞，

礼貌的举止，爱惜名誉与真理的心，

那使人成为好人的一切。

这是英国诗人丁尼生所言。没错，当节奏与和谐浸入一个人心灵深处，在那里牢牢地生了根，他就会变成一个心灵纯净的好人。

像小熊维尼一样写诗

小熊维尼是英国作家A.A.米尔恩笔下一个可爱的小家伙，爱吃蜂蜜，爱他的朋友们——克里斯多夫·罗宾、小猪、兔子、跳跳虎，爱他所生活的百亩林，他还爱写诗！

他一边爬树想去吃蜂蜜，一边为自己哼唱一首歌：

小熊爱吃蜂蜜

你看滑不滑稽

嗡嗡嗡嗡嗡嗡

他呀为啥就爱吃蜂蜜

他走进一座房子的时候要用诗来发表意见：

我走进一座房子，可它不像房子

它有高高的台阶和宽敞的客厅
但是没有一个花园
花园
花园
它就不像房子，完全不像
…………

独自一人的时候，他也写诗：

我有个地方，我去那儿
当这儿人太多的时候
我有个地方，我去那儿
那儿没人说“不可以”
那儿没人说一句话——因为
那儿没别人，只有我自己

小熊吃到美味的蜂蜜要写诗，掉进洞里要写诗，下雪要写诗，天空蔚蓝要写诗，书中到处是这样的话：

小熊维尼没说话，是因为他正想着一首诗呢。
这下子，他脑袋里又蹦出另外一支小曲来了。
“谈到诗嘛，我在来的路上，写了一小段，是这样的……”

如果每个小孩子都像小熊维尼一样写诗会怎么样呢？

事实上小孩子是经常像小熊维尼一样写诗的呀，只要我们意识到那就是诗！

秋秋上小学二年级的时候,因为淋了一点小雨,她在当天的日记上写：

真高兴啊真高兴
真快乐啊真快乐
为什么呢为什么
算了，不告诉你
当然，我淋了一点小雨

淋一点小雨就会让一个小孩子感到快乐，她把喜悦当成秘密但又忍不住要说出来，这种微妙的感受与表达难道不是一首诗吗？

新　鞋　子

点点

妈妈
你为什么没有告诉我
你买了一双新鞋子？
这样我就可以说：
不错哟，你的新鞋子！

五岁的点点说出的话，是首多么可爱的诗。你可以看出她是多么爱妈妈，希望每时每刻都有机会赞美妈妈，一切和妈妈有关的事物都特别

可爱。因此,错过一个赞美妈妈的机会,她感到遗憾。这种爱是多么透明、坦然。我总觉得小孩子天生就会爱人，懂得怎么爱人。而妈妈记下这个话语，说明她感知到了孩子的爱，她接住了这迎面撞来的诗意。

恐　惧

早早

妈妈，刚才有一条狗
从我背后走过
我吓得骨头
都碎掉了！

点点与早早是姐妹俩。点点是小囡囡，上幼儿园；早早是大囡囡，上小学四年级。她们的妈妈娜塔莎说：

“大囡囡有说不完的话，总是那么开心。我常常被她烦得要死！她一个人能把整个房子填满。

“比起姐姐来，小囡囡是安安静静的孩子，喜欢独处，有时候在幼儿园里看起来有点孤单。我有点心疼她，可她总是说自己很开心，似乎一个人玩也能自得其乐。

“大囡囡和小囡囡从来没有认真地写过诗，我觉得那些美妙的语言是她们心里流出来的快乐，和一些在头脑中跳跃出来的、不依赖逻辑就可以成立的思考。”

看，早早和点点姐妹俩，性情不同，却都展示出人类与生俱来的表达欲望。

小孩子与诗之间拥有一种本能的身体性的关系，他们可以很直接地去感知事物，所以才会用“我的骨头都碎掉了”这样的句子来描述恐惧。

这种身体感知能力、直觉能力，随着人的成长，是逐渐丧失的。因为直觉就是某种非逻辑的、非理性的东西。人长大成人的过程，是一个从自然人到社会人的过程，不可避免会受到许多限制与压抑，一些与生俱来的能力会削减乃至丧失,作为补偿,知识与逻辑思维能力则随之增长。

大宇是个三岁的小男孩，这是他妈妈周芳记下的句子：

小　脚　丫

大宇

我的小脚丫
像小鱼一样
游来游去
扑通一声
水就跳出去了

妈妈生气的时候

大宇

妈妈
你生气的时候
我身上都长毛了！
眼睛上，脸上，胳膊上，腿上

都是毛！

你是否从中感受到一种“身体性”呢？像小熊维尼一样写诗，就是允许小孩子按照身体的感受、头脑的直觉，把写作变成日常行为，随时随地练习。

怎么过生活，怎么写诗歌

有一个小孩去夏令营，妈妈问他是否觉得孤独。

他很矛盾地说：“嗯——不。”然后音调一变，他又自信地说：“当我们吃面条时，我不孤独。当我们比赛谁先躺进睡袋时，我不孤独。”过了一会儿，他又轻轻地说：“只有一点点孤独。”

妈妈是哥伦比亚大学教育学博士、教授，她立刻说：“你刚刚说的就是一首诗。”

于是，男孩就写了这么一首诗：

当我们大口吃热乎乎的面条时
我不孤独
当我和格雷戈争抢枕头时
我不孤独
当我们吃圣诞节饼圈时
我不孤独
只有一点点孤独

这首诗是由一串“我不孤独”加一个“我孤独”构成的，结构上有一种交错的韵律感。而比韵律更打动人的，是诗中展示的诚实与勇气。一个人能借助文字呈现出自己的真实情感，这就是聪明勇敢。

美国作家亨利·罗斯说：“如果你能用语言来形容你的感觉，你就拥有了它。”

在日常生活中，我们每天都在经历无数的事情，它们中绝大多数都被遗忘了。如果你能尝试用语言捕捉住某一瞬间：思想、情绪、经过的人、一场对话、那一刻的光线、周围物体……那么你就拥有了这个瞬间。

回 校 上 课

月亮之湖

我又可以回到学校上课了
卢老师笑着对我张开双臂
我赶紧跑过去拥抱卢老师
扑通
卢老师被我撞得后退两步

卢老师说
你真的好了
力气比以前还大了

一个一年级小姑娘，生病在家休息几天后回校上课，这是遇到老师的一瞬间。

养 宠 物

晓琴

蝈蝈放生了
乌龟放生了
妈妈，我都没有一个宠物了
如果我们家里很冷、很冷
我想养个小小的北极熊
如果我们家里很热、很热
我想养个小小的巨蜥

再小的北极熊也会
很大、很大
另外，不管你有多喜欢他
他都更喜欢自己的家
如果你养个巨蜥
我会害怕
你选吧
巨蜥还是妈妈?

晓琴送六岁儿子高明宇上幼儿园，路上两个人的对话就成了这首诗。

噩　梦

杨璟轩

爸爸和妈妈
开着一辆我没见过的机器
爸爸在上面
妈妈在下面
他们开过来
凶巴巴地杀我

我哭了
然后醒了
再也睡不着
妈妈 你一定不相信
我做了这样的噩梦

三年级男孩杨璟轩记录下一个梦境与他的感受，他拥有了这个梦。

选择困难症

早早

你知道吗
有一群女生
她们在穿衣服的时候

有选择困难症

我跟你说

我不是这样的

我只有在

做数学选择题时

才会有选择困难症

火　柴

早早

妈妈

明天考数学

我好害怕

像一根火柴

马上就要熄灭了

只剩一点点光

期末考试

早早

我讨厌期末考试

它永远都不会知道

我是那么多才多艺

早早是个富有激情的女孩子，这三首诗描绘了她面对数学或者考试时的种种心理活动，第一首是平静的描述，第二首是恐惧的心情，第三首是自我肯定与勉励。

棍　子

杨璟轩

老师说
参加这个背诵演出
要像棍子一样
一动不动

啪
我把自己
钉在那儿了

这首调皮的诗里是有一种反讽的，反讽就是不认可某种东西，但不直接对抗，用一种夸张的方式把刻板要求推到极致，看起来是顺从，实际上表达的是不认同。这是很高级的修辞，孩子却径直运用了。

珠　子

娜塔莎

我做梦都想有一把
彩色的塑料珠子
串起来，像公主的项链
我外婆给我脖子上
挂一串煮熟的豆子
像个和尚
上学的路上
我觉得人生很悲惨
哭了一通

一串彩色塑料珠子可能寄托着一个小姑娘的公主梦，但大人马马虎虎只想应付小孩一下，敷衍地把煮熟的豆子挂在她脖子上。大人觉得这个区别很小，豆子也是圆形的嘛。但在小孩子眼中，煮熟的豆子怎么能承载她的美丽梦想？这首诗通过珠子的故事写出了童年的特质，写出了童年世界与成人世界的冲突。

这些诗全都在写日常生活：校园里的一幕，一个噩梦，考试与功课，一次背诵演出……全是小学生日常生活，可一点也不乏味或平淡，语言的诗意消解了日常中的无聊琐碎。但这个诗意不是刻意制造的，顺着生活的纹理来写，诗意的跌宕起伏常常就在无意中到来。

一位诗人说，属于人的东西就是属于诗的。真的是这样，只要洞察到人类的生活与心灵，就可以看到诗。

真正好的诗，不是风花雪月，不是缥缈遥远的东西，诗永远要面对真实的自己、真实的生活。

你要到远处去寻觅吗？你最后一定会回来的，
在你所熟悉的东西中找到最好的，或者像最好者一样好，
在你最亲近的人中找到最中意的、最强健的和最爱你的，
幸福、知识，不在别处而在这里。

——［美］沃尔特·惠特曼《草叶集》

牙刷除了刷牙还能干什么

怎么过生活，怎么写诗歌，我设计这个主题练习是希望打破人们对诗歌的刻板印象，让诗歌现代起来，自由起来，把诗种植在日常化的语言氛围里，与我们当下的生活产生直接的连接。

没有什么无用的生活场景，每个生命场景都自有它的意义，哪怕是碎片式的简单排列都会呈现出某种意义。

比如有人在朋友圈这样写：

牙刷除了刷牙还能干什么
刷球鞋
刷风扇叶片
刷开关上的指印
刷汽车空调出风口
原来我懂这么多生活常识
一个混吃等死的煮饭婆
不会这些雕虫小技会下岗的

我突然觉得，这是一首诗啊！她用自嘲反讽的语调，写出了女性生活的一种处境。这就是具有现代意识的诗啊。

1917 年 2 月，法国艺术家杜尚为参加美国独立艺术家展览会，买了一个工业流水线上生产的男士小便池，起名为《泉》，拿去送展。这成了现代艺术史上的一个著名事件和一件著名作品。不是这个小便池有多么艺术，而是把小便池搬进展览馆作为作品展出这个举动表现出来的挑战姿态，展现了一种艺术的精神，那就是对一切成规的追问、挑战、反抗。

我也希望在写作上减少自我设限，让精神自由，让语言自由。出于这种想法，我索性把“牙刷除了刷牙还能干什么”作为作业主题布置给诗歌群的群友。

老实说，我自己都不知道会有什么样的反馈。好几次我想撤回来，但又想：干吗不试试，看看会收获怎样的诗歌作业？为什么一定要那么精心，确保万无一失？就不能玩耍一次，乃至失败一次么？

结果是——一夜之间，“牙刷诗”一波波涌到诗歌群里。

牙刷除了刷牙还可以干什么

皮皮

牙刷除了刷牙还可以干什么？
牙刷还可以用来刷身体呀。
啊，那不疼吗？
不疼，砸和打
身体才会疼。

刷

不会疼。

皮皮是个六岁的小朋友。妈妈为完成“牙刷”作业去询问他，这是他给出的回答。妈妈写下这首诗的同时也感受到了情感上的刺痛与内疚：皮皮挨过打，他知道打和砸是疼的。

牙刷除了刷牙还可以做什么

周芳

牙刷除了刷牙可以做什么？

小孩说，dangdang。

dangdang 是什么？

dangdang 就是 dangdang 啊。

说完他就嘻嘻地笑，

好像和牙刷共享了一个秘密，

我在这个秘密之外。

牙刷的故事

娜塔莎

有一次我跟她爹吵了一架

因为牙刷

他倒着放
我要他正立着放
而且要放在他的杯子里
不能放我的杯子
她爹很崩溃
觉得生活是一堆麻烦
我也很崩溃
觉得生活是没完的忍耐
牙刷安静地立在那里
做琐碎生活的见证

牙刷除了刷牙还能干什么

晓琴

小家伙正在玩小汽车下坡，
看着妈妈笑着说，
可以在牙刷上挤点牙膏，
沾点水刷镜子玩呀。
如果是刷小乌龟的壳，
那就不要放牙膏了，
刷的时候说：
小乌龟，你不要笑。

牙刷除了刷牙还能干什么

Coco

宝贝
牙刷除了刷牙还能干什么

不知道
想干什么就干什么
妈妈
你是想用来刷脸吗

牙刷除了刷牙还能做什么

Sunshine

牙刷还能做饭呀
刷刷刷
就刷出泡沫
刷出小精灵
刷着刷着
米饭就熟了

牙刷除了刷牙还能干什么

小雨

如果刷毛够软
可以给我的娃娃当梳子
或者
送给蚂蚁做个迷宫

爸爸妈妈的牙刷

Coco

牙医说，
牙刷的使用寿命是三个月，
时间到了就要换，
不然有细菌。
我妈说，
能有什么细菌，
过日子，
又不是做实验。

妈妈用一把绿色软毛牙刷，
爸爸用一把紫色软毛牙刷。
前年正月，
绿色与紫色牙刷整齐插在牙杯里。

今年正月，
它们的姿势一点都没变，
只是它们的样子变了，
像很久没有洗过头的头发，
像家里用了很久的扫把。

牙刷除了刷牙还能干什么

芽儿

牙刷刷牙
刷牙缝
刷首饰缝
刷包包缝
刷鞋缝
刷瓷砖缝
刷马桶缝
…………
牙刷在
一切大刷子失意的地方
得意

牙刷除了刷牙还能做什么

张熙彤

每次看到月亮，
总有灰色的斑点。
乘飞船的时候带上牙刷，
就可以把月球刷干净了，
就有一个洁白又明亮的月亮了。

牙刷除了刷牙还能干什么

Coco

牙刷除了刷牙还能干什么
这句话从我听到的第一遍开始
像魔咒一样开始盘旋
它已不是牙刷能干什么的问题
是我如此焦虑地
想知道
还有什么答案
如果别人都知道
牙刷除了刷牙
还能干很多很多事
而偏偏我不懂
是不是就我最傻

牙刷除了刷牙还能干什么

小雨

一个小小的问题
一堆大大的创意
原来牙刷长满细细的触角
是为了伸进生活的所有缝隙

这些诗，有的活泼、自由，携带着孩童灵动的想象力，有的呈现家庭生活的一种面貌，有的富于哲理……这是一次多么成功的写作实验啊！

当一个采集者

普利策诗歌奖得主、塞尔维亚裔美国诗人查尔斯·西米克曾表示，他的诗，在开始时就像是把散步时发现的有趣东西摆放在一起：一粒石子、一根生锈的铁钉、一个奇形怪状的树根、一张照片破碎的一角，等等。经过数月的观赏和思索之后，它们之间的某些令人吃惊的关联便开始显现，这些关联暗示着意义。

美国诗人玛丽安·摩尔喜欢收集叫人着迷的自然细节与叫人着迷的大量引语。她是位引语收藏家——引语源自杂志、旅游手册、文学作品，源自母亲或兄长的话语，她把这些放入诗中，创造出她自己的诗的特质。所有的作家都是采集者，他们采集一切：词语、对话、意象、梦境、故事……

好人坏人

张裴培

这世上有很多好人
还有一些不好的

妈妈
你直接说坏人不就行了

有绝对的好人，一直都好
但没有绝对的坏人
有些坏人会变成好人
更多的情况
是好人变成坏人

妈妈，这太复杂了
我掌握不了

这段对话的内涵是很有张力的。已经有一些人生阅历的妈妈试图把这个世界的复杂性解释给儿子听，成人世界不是非黑即白的，好人坏人没有那么一清二楚。而孩子是非对错很分明，那混沌不明的灰色地带超出了他的认知。他坦然又迷茫地说“我掌握不了”。我们读者通过这段对话也感受到了两个世界的一种碰撞。

钟摆妈妈

紫色丁香

“妈妈，你的枕头怎么在那么远的地方？”
“我该问你，是被你挤的啊。”

“啊，妈妈，我昨晚是不是和时针一样
转个不停？”
“是的啊，宝贝，今晚，我依旧当钟摆！”

我相信这是母女俩之间发生的真实对话。读下来是不是感受到了当中浓郁的情感？重要的不是写出一首多么棒的诗，一篇多么厉害的作品，而是在写作过程中感受生活，体察自我内心世界，敏锐地捕捉到某些瞬间，将打动你的一切表达出来。这个过程才是最重要的。

上面两首诗收集了日常话语，下面这些诗歌则收集了日常场景。一幕幕动态的生活场景，作者没有任由它们流逝过去，而是用文字撷取动人的场景，从而留住了诗意。

不 客 气

娜塔莎

点宝宝用力拉着
会自动关闭的大铁门

等后面那些
买菜的遛狗的送快递的大人们
鱼贯而入
等大人们说谢谢，说
这个孩子好乖
但是没有人说
一个都没有

点宝宝伤心地说
没有人说谢谢欸！
有个叔叔听见了，高声地说
谢谢你，小姑娘！
点宝宝一样高声地回答
不——客——气！
两个人说得一样高兴
一样卖力
真开心啊，点宝宝说

一个小姑娘等待一声“谢谢”，那样小心灵就全然满足了。她终于等来了，我们从她的快乐中看到了一颗亮晶晶的童心。我们常说“人间有温情”，诗中最后一幕分明让人感到人间温情的流动。这么细小又这么真实，诗歌就是这样细微轻盈。收集微小的一切，加以创造，就可能建构出深邃的、清新的心灵世界。

带来风的姑娘

蓝鹊小巫

中午十二点
学骑车的小姑娘
一圈，又一圈
在院子里绕圈
妈妈，我已经连续骑了十一圈

井盖边的车前草
转弯处墙角青苔
后院的大杧果树
都在说
还要风，还要风

这幕场景是一个小姑娘正午时分在院子里一圈圈绕着学骑车。你仿佛可以看到少女额头上的汗珠，奋力蹬车的姿势。诗中洋溢着活力，洋溢着一种令人感到愉悦的勃勃生机。这种活力就是诗意。

兔　子

红叶水上漂漂

曾在草坡上露出两只长耳朵的兔子
死了

倒在青草匍匐的小径
两个陌生男同事
蹲在那儿细究死因：
后腿处的伤口
被黄鼠狼咬的？
或者死于
前两天给果树喷洒的农药之毒……

兔子
静静躺在那里
风吹草动
背上的绒毛，依旧
光彩
恍惚中它重新立起
蹦跳在这片草坡
欢快仔细地
这也嗅嗅，那也嗅嗅

第一段是兔子已经死去的场景，第二段是它活着时在草坡活动的场景，从中我们读出了对生命消失的惋惜与对生命的眷恋。

勺　子

李浩熠

早晨
正想拿勺子喝汤
忽然发现勺子里的世界很奇妙

在勺子里的我
一会儿高高的
一会儿矮矮的
一会儿胖胖的
一会儿瘦瘦的

看得正起劲
妈妈忽然说——
不要再对着你的勺子发呆
快吃饭

小孩子从一把勺子中看到一个新奇变幻的世界，而妈妈只关心现实生活。

就像《小王子》里面写的，大人永远看不到大象肚子里的蟒蛇。在这幕场景中，孩子与成人的行为构成对比，诗意就潜藏在对生活的审视与洞察中。

当一名采集者，你就能成为诗人。如果你用语言对生活中的事物做一个还原，诗歌就会变魔术，衍生出你当初没有想到的意思。读者的阅读和感受，成就了一首诗最终的完成。

将叙事引入诗歌

有一次，一个学生写了一首关于父亲的诗：

> 那更换了一次又一次的帆布鞋的补丁
> 那磨平了一块又一块的手掌心的厚茧
> 那每日每夜忙碌的背影
> 那憔悴疲惫的面容
> 父亲啊！
> 你的生活里
> 只有责任
> 只有坚强

补丁、老茧，这种意象几乎成了写父亲的套路；忙碌的背影、疲惫的面容，责任、坚强……这些都是已被使用得太多太多的俗滥词语。这样的陈词滥调，如何写得出一个独特的父亲，一份独特的深情？

我给这个学生提了建议：你写父亲，不妨选择一个场景或者一件事情，尽可能准确地还原，写出那些细微之处；尽量多用名词和动词，少用形容词；不要试图归纳对父亲的情感，而是让情感在细节的描述中自

然呈现出来。

我建议他与其抒情，不如叙事，像写记叙文那样去写。我们都写过记叙文，这就是在训练叙事能力。千万别小看叙事，它是文学最基本的功能，是文学的起源，也是文学的目的。

这么说吧，一个人的写作能力几乎等同于叙事能力。

而一个叙述得好的事件可能就是一篇文学作品。

作为对照，我选择了韩东这首诗，看他如何叙事。

忆　母

韩东

她伸出一根手指，让我抓着。
在城里的街上或是农村都是一样。
我不会走丢
也不会被风刮跑。
河堤上的风那么大
连妈妈都被吹着走。
她教我走路得顺着风，不能顶风走
风太大的时候就走在下面的干沟里。

我们家土墙上的裂缝那么大
我的小手那么小
可以往里面塞稻草。
妈妈糊上两层报纸，风一吹

墙就一鼓一吸，一鼓一吸。

她伸出一根手指让我抓着

我们到处走走看看

在冬天的北风里或是房子里都是一样。

诗中叙述了一个鲜明的场景：母亲伸出一根手指让孩子抓着，四处走来走去，无论是在城里的街上还是在农村地头。空旷的苏北平原，有很多水汊河道，冬天河道干涸了，寒风毫无遮挡地呼啸而过，能把人吹跑。妈妈把自己的生活经验教导给“我”：走路要顺着风，不要顶风走；风太大就走在下面的干沟里。他们还有一个四壁漏风的屋子，“我”的小手负责塞稻草，妈妈糊报纸，报纸被肆虐的狂风吹得一鼓一吸……

这首诗每一句都落到实处，落实到具体的细节。诗中没有一个歌颂、赞美母爱的形容词，但母子俩拉着手走来走去，这样一个意象成为贯穿全诗的线索。母子俩的相依为命，诗人对母亲的深情，通过这个意象，通过诗中叙述的事情，自然地呈现出来了。

“狄金森的草原”诗歌群里有位妈妈，昵称是最远的天空，她写了一首《父亲》。

父　　亲

妈妈要建一幢红砖房

父亲

在家后面烧起砖窑

红旺旺的火焰
多少年之后
依然在眼前燃烧

为建红砖房的
砖窑
有一天倒了
全部烧好的、没烧好的砖
压在窑下父亲
躯体之上

贤芝，贤芝
叫贤芝的这个男人
最后一次被妈妈，撕心裂肺地
呼唤

借五毛钱打酱油的
我
还在路上跑
这是一个早晨
我七岁
失去了父亲

三十三年前的那个早晨

父亲倒在他烧红的砖堆里

剩下的红砖

建了一幢大房子

它就是我们称为老宅的地方

现在已经不再住人了

这首诗感人至深。一个男子，希望给妻女一份好生活——建一幢红砖楼房。他唯一可凭借的是自己的双手。他动手建造了一座砖窑，自己烧制砖块。砖窑倒塌，男子殒命，妻子失去丈夫，女儿失去父亲。多年以后，终于建起的砖房已经被人们遗弃。这首诗讲述的是命运的故事，一个男子的命运、一个妻子的命运、一个小女孩的命运都在其中了。命运何其残酷，亲人永远失散，只在漫长岁月中余下无望的思念。

这就是叙事的好处。那些过程，故事中的细节，就像楼梯一样，读者会顺着你的楼梯一级一级走上去，意义自然而生。

当你叙述出最个人化的东西、独一无二的故事，你的作品就会展现出独特性。因为你的生活一定是区别于其他人的，你的故事不可能跟这地球上的任何一个人重合。很多父亲都有老茧，都穿打补丁的衣服、鞋子，但是你和父亲之间的细微故事，一定和别人不一样。

叙事可以有效地帮助你避免概念化的表达。

人性有很多相似的地方，你能找到相似的感受、思想，但故事却全然属于你，全然独特。这样就意味着，只要你足够诚实地写出你个人的故事，你就能写出跟别人不一样的东西。

意象要与你的情感一致

意象也是提升诗意的重要方式。

这些面庞从人群中涌现，
湿漉漉的黑色树干上花瓣朵朵。
——［美］拉兹拉·庞德

这是意象派鼻祖庞德的诗。诗人当时是在巴黎地铁站，老旧的地铁站黑魆魆的，突然间，他看到了一个美丽的面孔，然后又看到一个，又一个，然后是一个美丽儿童的面孔，然后又是一个美丽的女人……那些面孔在黑魆魆地铁站的衬托下，显得特别明艳，诗人由此感受到了生命的光彩与喜悦。怎么传达他的感受呢？他用了这个意象：黑色树干上花瓣朵朵。

暮色照亮山峦
一半悲，一半喜
——何三坡

暮色照亮山峦，山峦的一半在光亮中，一半笼罩在暮色里。这种客观景致成为传递作者情感的意象。

但寒流逼死海鸥
我只想努力做饭不愿明辨是非
但寒流逼死海鸥

——巫昂

寒流逼死海鸥，这是一个意象，诗人想过温暖平淡的生活，但终究不可得。

有人问过诗人，怎么会想到这个意象。她说当时住在波士顿，波士顿的冬天风大雪多，阴冷彻骨。可是这么冷的天，在卧室里还能听到港口海鸥的叫声。海鸥叫得很凄凉，听声音海鸥像快死了一样。所以这么一句诗就跳到脑海中了。

意象来自强烈的情感触动。事物是客观的，但情感是直接而清晰的，不是一种隐晦的情感。作者把情感投射到客观事物上，意象就产生了。

我们活过的刹那，
前后皆是暗夜。

——［葡萄牙］费尔南多·佩索阿

意象也来自写作者对生活的洞察。暗夜是一个意象，它凸显出生命的短暂和珍贵。在出生之前，我是不存在的；死去之后，我也不存在：活着的时间短暂如一瞬。只有这一瞬间是被意识所照亮的。

一个好的意象，最重要的是要和你想传递的情感有一致性。

听到
温暖的话语
牵牛花
在心里盛开
——柴田丰

蓝色或者粉紫色牵牛花，是一种容易栽培的草本花卉，很常见，带给人亲切感，就像温暖的话语，让人感到日常生活中的暖意。

我再次感受到
每次去养老院探望后
分别时的心酸
我清清楚楚地记得
送我离去时
迟迟不肯回屋的妈妈
还有那
浑浊的天空
和在风中摇摆的大波斯菊
——柴田丰

这首诗是柴田丰老奶奶去养老院探望母亲之后的感受。这时候她选择的意象是浑浊的天空与风中的波斯菊。天空浑浊有种风雨欲来的感觉，波斯菊是艳丽的花朵，它在风中摇摆，因为硕大和沉重，尤其显得岌岌可危。生命曾经是那么明媚，充满生机，却又那么容易被摧折。母亲风烛残年的生命，也像风暴即将来临时的花朵。

只要想起一生中后悔的事
梅花便落了下来
——张枣

一些美好的感情错过了，这感情美好、朦胧、危险，到底是什么感情呢？作者没有说。但他说了这件事带给他的感受，他一想起那件事就好像看到梅花落了下来。梅花是早春的花，香味清幽淡雅，梅花花瓣纷纷扬扬，这本身就有一种惆怅之感。

我写过一首关于母亲的诗：

白色草帽

妈妈 我想变作你十二岁那年
集市上遇到的那顶草帽
白色麦秸秆编织 以三毛钱叫卖

天空瓦蓝
炽热如火焰焰心
红土地焦渴贫瘠 仿佛可以点燃
妈妈 你打禾 禾桶与你等高
你浇菜 芥菜比你茁壮

你对你的妈妈 说起那顶草帽
外婆在木盆里浸麻
顺手拽一把麻绳 劈面抽来
麻绳浸过水 带着柔韧沉重的力道
无处闪避 外婆恼怒
“叫你那么爱好！”

妈妈 你当然懂得
每一分钱都要收集在
怎么活下去这件事上
贫穷无法掩饰
一顶草帽 不是
米饭、面粉、珍贵如眼泪的油
一顶草帽就只是一顶草帽
不能嚼不能吞
用三毛钱遮挡炎阳
你一定想了又想 才说出
这不可能达成的奢念

生存就算竭尽全力
也可能活不下去
但是妈妈 十二岁的夏日
你还是渴望了集市上偶遇的
白色草帽

从那时到现在 少女到老妇
也没有什么事物打败过
你对美的“爱好”

你的人生一直是焦干的旱土
只有你自己
是一滴源泉

我妈妈少女时代渴望一顶草帽，只需要三毛钱但不可得。前面我叙述了这个故事，最后一节“你的人生一直是焦干的旱土 / 只有你自己 / 是一滴源泉”是全诗的意象。外部环境始终贫瘠，缺乏滋养，妈妈只能依靠自己内在的力量生存，那就是源泉。这个源泉仅仅只有一滴，干涸几乎是必然的，但对美的追寻，试图避免灵魂的干枯，这种精神的追求永远有价值。

亲　　人

雷平阳

我只爱我寄居的云南，因为其他省
我都不爱；
我只爱云南的昭通市，因为其他市
我都不爱；
我只爱昭通市的土城乡，因为其他乡
我都不爱；

我的爱狭隘、偏执，像针尖上的蜂蜜
假如有一天我再不能继续下去
我会只爱我的亲人
这逐渐缩小的过程
耗尽了我的青春和悲悯

这首也是写对亲人之爱的诗，意象落在了针尖上的蜂蜜。蜂蜜浓稠，晶莹，甜蜜，芬芳，达到了美好事物的极致。而针尖上的蜂蜜，非常稀少。这个意象写出了爱的珍贵罕有。

让科学与艺术汇成一条大河

科学是帮助我们探索世界的有效方式。与此同时，你相信吗？对科学的热爱能让你写出更好、更有意思的文章。这是因为：

你如果想真正描述好一样事物，需要有一种科学研究式的细致观察；写作这件事，就是试图通过词语、形象和观念触摸到事物的核心，有时候需要尝试不同寻常的方式，这时候科学会帮助你达成；掌握知识，哪怕是最细微的知识，也可以帮你打开审美上的新领域。

我曾经设计过四堂将科学与艺术结合起来的专题写作课，每堂课上介绍一个科学知识，再做一个与此相关的写作练习。有一个二年级学生，大名杨璟轩，小名仔仔，是个酷爱科学的小男生，原本他妈妈以为他对写诗这件事“免疫”，谁都没想到，上完这几堂科学与诗歌结合的写作课，

杨璟轩就像打通了任督二脉，灵感嗖嗖地往外冒！让我们来看看他的“科学诗”：

小白藤的愿望

小白藤有一个
飞机跑道那么长的愿望
想要站在杏仁桉树的肩膀
摇摇月亮

这首诗是杨璟轩看植物百科的收获。杏仁桉树是最高的树种之一，可以长到156米，普通桉树高20米左右。白藤是陆地上最长的植物，长度在200至500米之间。长的飞机跑道有1500至4000米。

土　　星

蜘蛛在太空织网
织了一颗星星
星星漂在水上
好像一艘时光船
摇摇晃晃

他从书里看到两个关于宇宙的小知识：蜘蛛可以在太空织网；土星密度低，可以浮在水上。于是有了这首诗。

琴　鸟

不是长得像禽兽的鸟
不是得了禽流感的鸟
是背了把七弦琴
到处学唱歌的鸟
我想有一只琴鸟

竹　子

大熊猫喜欢
竹子
拉的屉屉都会有竹子的味道

我放的屁太臭了
给我一点竹子

如何看待小孩子活跃的思维与表达？是视为胡思乱想、胡言乱语，还是欣喜地迎接他们对这世界尚未丧失的惊奇之心？

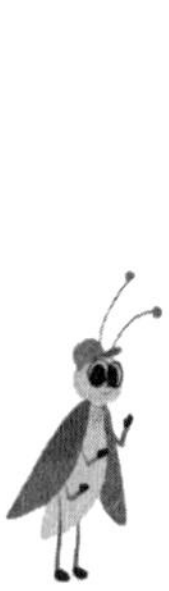

不要以为这是一个毋庸置疑的问题，事实上对孩子们无拘无束的想象与表达，不同家长的想法相差很大呢！比如一个妈妈对《可怕的科学》给出了差评："很失望。买了这套书，孩子看后天天嘴巴讲的都是乱七八糟的话，对于写作没有任何帮助。担心孩子陷进去，所以一整套都拿去扔掉……"

不知道在这位妈妈眼中，杨璟轩这些小诗是不是也算“乱七八糟”呢？杨璟轩就是一个对稀奇古怪知识特别感兴趣的小朋友，他妈妈张裴培说：“这孩子是走火入魔了，他到处搜集稀奇古怪的信息，课本啊，辅导书啊，广告宣传画啊，动画片、小说什么的也不放过。提的问题我们回答不上，或者应付他，他就上书柜翻，去地球仪或者地图上找。还真被他找到过……”

迷恋科学的杨璟轩又迷恋上了诗歌写作，小脑瓜里原先没人理睬的自言自语有了一个倾泻的途径。活跃的思维找到了一条通道，持续的表达和记录有效地帮助想象力延续，也成为探究与理解世界的途径。科学与艺术在这里汇成一条大河，必定会在他生命中一直流淌。

让我们再读一首杨璟轩的诗吧，诗中有一个七岁半儿童对世界的严肃思考。

纳米微生物

植物的细胞
是不是纳米微生物

我们人类
是不是宇宙的
纳米微生物

再看这首：

反　　抗

《时间简史》怎么样?

好多反抗
哥白尼反抗托勒密
开普勒反抗哥白尼
牛顿反抗开普勒
爱因斯坦反抗牛顿
一个反抗另一个

这个孩子把科学史简单归纳为反抗二字，这个洞察力真是惊人，对事物本质的洞察当然也是诗。小孩子的想象与洞察经常是一种大象无形的状态，往往随口一说，就闯入了成年人思维领域的一个盲区。

寻找想象力的森林

以下是杨璟轩小诗三首：

小诗（其一）

西餐厅的大虾里有沙子
中餐馆的海带结里有沙子

夜宵店的螺蛳里有沙子

我这是被种到海里了吗?

小诗(其二)

你快点吃
等等
我先用筷子
卷个龙卷风
那样就吃得快了

小诗(其三)

我把伞上的水甩到水泥地上
甩成了一大片阴暗海洋

吃饭吃到沙子,把面条卷在筷子上,雨伞的水甩到地上,这都是特别日常的场景,这个经历被小作者表述得奇特、夸张,平凡的日常场景突然拥有了一种奇幻色彩,日常经验有了审美的意味。这是想象力的胜利。

想象力几乎是童年的专属产物。作家辛格回忆自己小时候的游戏:

我们住在一个公园边上,公园里有很多像冰川一样的岩石。我和两个好朋友每天都在那里玩。我们每天奔跑着、追逐着、大叫着冲过公园。我们假装自己住在一个城堡里，或者占据了一个堡垒。我们玩好人抓坏人的游戏，有时候是西部牛仔大战印第安人，谁被抓住了就被关起来——划出树的一角就算是“监狱”了。我们每天都会发现一些新东西，然后拿那些小玩意假装是现实世界里的东西，树枝、树叶、鹅卵石都可以当午餐，找到一根长管子当号角，拿树枝敲着树桩就是战鼓擂动……

的确如此，**在儿童心里，现实世界与想象世界是连通的。**想象力不是成年人教给小孩子的，而是他们与生俱来的东西。你并不需要去“培养”小孩子的想象力，你要当心的是别扼杀它。如果在孩子成长过程中，成年人能够呵护他们的自由表达，珍惜他们表达的热情，小孩子得到鼓励，就会越来越爱说，越来越习惯使用语言来传达头脑中无拘无束的想象。

再来读一些充满想象力的诗吧：

蚊　子

蓝鹊小巫

蚊子开了家店
A 型 B 型 AB 型 O 型血
全都有
我很幸运地成为
蚊子的 VIP 会员

不睡觉

点点

你放心好了
我是不会睡觉的
以花精灵魔法仙子的名义
就是不睡觉

当夏天到来

杨璟轩

当夏天到来
我是一根热狗
裹到汉堡里
躲进冰箱

梦游

邓寒冰

我希望哪天我能梦游
梦游着写完作业
我就可以睡个大懒觉了
喂，有人吗
请教会我梦游，还有在梦游中写作业

星　星

小米

一只蛙，
住在井里。
每天晚上，
都要抬头看星星。

当他看累了，
就大叫一声：
“好啦，星星们，你们该下班了！再见！”
这时，星星就消失了。
他也找个地方入睡了。

牵　牛　花

小米

请注意，
该路段危险，
限速每小时一厘米
请小心行驶！

花朵举起紫色喇叭
大声提醒

只有我们蜗牛才能听见

穿 袜 子

小米

你要穿袜子
我要穿袜子
现在流行穿袜子

动物们也要穿袜子
狗要穿袜子
兔要穿袜子
连蜈蚣也要穿袜子

可是，
蛇挠挠头：
我这袜子怎么穿？

英语字母

谢宝芸

妈咪，你睡觉的时候
有没有试过
让一堆英语字母

跑到你的房间里来呀?
请你现在
也不用带着一堆英语
跑到我的房间里来
我要睡觉了

花朵在哪里

甜心

呼啦呼啦
叶子飞啦

吧啦吧啦
叶子掉啦

花朵在哪里
花朵在云上

“为什么花朵在云上？”
小孩儿们都说
“哎呀，快下来吧！”

妈妈，其实我是一只大鸟

楚楚

妈妈，其实我是一只大鸟
不喜欢走路
喜欢飞
天空好高
夜是黑的
云是白的
看得见月亮
我可以飞上去
你就抓不住我了

词语的游戏

一个叫周芳的妈妈记下了四岁儿子的话：

年　轮

妈妈，大树上一圈一圈的
是什么啊
那是年轮

年轮像晕的眼睛
妈妈抱起来
晕的眼睛就成了好的眼睛
我闭上眼睛
就睡觉了

年轮一圈一圈的，他说像晕的眼睛，大概是指蒙眬的、渴睡的眼睛，半睡半醒之间。妈妈一抱起来，晕的眼睛就成了好的眼睛。谁会把“好”和“晕”作为相对的一组概念搭配呢？这孩子在创造词语、创造语法规则之外的搭配。他开始自己去探索汉语各个语素的组合。

世界对小孩子来说是全新的，此时世界不存在任何定义，孩子完全按自己的理解去判断、去描述，这是值得鼓励的行为。

如果你不喂我

甜心

如果你不喂我土豆丝
你就会变成下蛋的鹅

如果你不喂我
你就会变成笨鸡蛋

小孩子不会在乎意义不意义。就像这首小诗，它的意义恐怕就在于词语的悦耳与清脆，写作者享受词语带来的节奏感。

柔　　软

杨璟轩

妈妈，你刚刚矮了矮身子
柔软了

美不胜收

杨璟轩

妈妈，这被子盖着
真舒服
比美不胜收还舒服

浓墨重彩

杨璟轩

妈妈，浓墨重彩是什么意思

就是用很浓稠的墨水
和很深重的色彩写画

哦，那就是妈妈的瞳孔

在与妈妈的一系列对话中，杨璟轩以他的理解为这些常见词语赋予

了独特生命力。

孩子越长大，那些有趣的话就会越少，就像自动丧失了某种功能一样。把这些浑然天成的诗的语言记录下来，就是在挽回一去不返的时光。

一　竖

Iris

妈妈
这一竖
怎么歪啦
像被台风刮过一样

鄙

Iris

妈妈
鄙，这个字好难写
怎么也记不住

一个人
头上有张嘴在大声说
肚子有张嘴在小声说
而且说的都不一样

心口不一

那，隔墙有耳的耳
一定是这个人的耳朵

腿都蒙了

童童

又给我穿加绒的裤子
腿都蒙了

蒙了就是
腿没有办法自由地呼吸
气透不过来了

长长的故事

Sunshine

妹妹说——
我的故事可长了
早上也讲不完
晚上也讲不完
半夜也讲不完

热火朝天

小米

在一个本应上学的日子里，
我发烧，
躺在沙发上，
听歌，看电视，玩平板，
热火朝天地养着病。

一 句 话

点点

妈妈
我有一句话对你说
你过来过来呀
我很高兴认识你

看 图 写 诗

让孩子们观察一些图片，看图写诗，实践证明这是一种很好的练习写作的方式。画面相当于一个抓手，大家的感受力与想象力因此有了一个傍依之处。

选择一种介于现实与梦幻之间的图景，十分有利于孩子们发散思维。

从孩子们提供的诗作中，可以看到他们想象力与观察力的落点都不一样，每个人携带着自己的个性，把画面给予自己的感受用语言传达出来。

他们用自己的诗，对艺术家的画进行了再次想象与创作。这是非常有意思的一件事情。

有一条鲸鱼
爬到了小岛上
把小岛上的四叶花
和五叶草
都粘到了身上
它回到海里
参加选美大赛
得了第一名

——杨璟轩

小鱼身上没有花

只有鳞片
她想让自己变漂亮一点
后来她有了很多花
可是没有鳞片了
她很想念自己的鳞片
因为鳞片好舒服
花太痒了

——点点

从前有一条笨鱼
它不知道应该游到水里
它游到花园里去了
结果被晒成了鱼干
背上有好多伤心的花

——点点

鲸鱼形状的宇宙
有许多星星
其中一些星星
开出了花

——李汶倩

好有趣的鹿
有一只角在冬天
有一只角在春天

—— 李雪

一只鹿
看起来有些孤单
因为没有朋友
叶子掉了
鸟飞走了

——杨璟轩

从前有只鹿
它生活在青藏高原
可是它跑到热带雨林去了
它迷路了，回不去了
它的头上就长出了树

——点点

一只迷失的黑熊
身体里的思念长出来
长成记忆中的森林
——湖心草长

月亮，升起来了
闭上眼睛睡吧
明天又是一天

这个夜里
树们做了同一个梦
变成了灰熊
长了脚
到处游荡和奔跑
——红叶水上漂漂

你就是我，我就是你
森林里的熊和树
捉起了迷藏

——薛玉荣

两双脚长成了树
树上长了麦子
它五十米高
一千年成熟一次

它要把果实背着
留给它的孙子
和孙子的孙子——
小树熊

——杨璟轩

从前有一只熊
它碰见了一只鳄鱼
它说：“糟糕！”
然后它假装成树的样子
鳄鱼就走了……

——点点

想飞的树
却要用力抓住泥土
——笑慈

有只鸟想飞
它的翅膀已经张开
脚却动不了
这次变形游戏玩大了
变成了树根拔不出来
——周芳

那棵树
长成了一只鸟
它是不是
鸟撒下的种子长成?
——李汶倩

从前有一棵树
它有个鸟朋友

冬天鸟要飞去南方
树太想它了
然后它使劲长
长成一棵大鸟树
陪鸟儿去南方
——早早

从前有一只小鸟
它的翅膀被树抓住了
它拼命想逃走
可是树不让它走
翅膀受伤了
它在树上一直等啊等啊
等到把伤养好
它使劲儿一扭
终于飞走了
——点点

把树的根抛出地面
长成鸟的形状
一棵红树

使出各种办法
招亲
结婚
想把整个热带雨林都变成
红树林

——杨璟轩

为一棵树写一首诗

为一棵树写一首诗，是我设计的一个写作练习，请先阅读这首诗：

橡　　树

［美］惠特曼

我在路易斯安那见到一株橡树
它孑然伫立，树枝上青苔密布
没有伙伴，深绿的叶子却快乐地生长，充满生机
它粗犷挺拔茁壮，让我想到我自己
但是我诧异没有朋友在近旁，长出叶子怎会如此欢快，我知道我做不到
我折下一根嫩枝，上面有几片叶子，还有青苔绕在枝上
带它回家，放到房间显眼的地方
没有它我同样会想起我亲密的朋友

（因为除了朋友我最近不曾将别人怀想）
但是它对我仍有着特殊的意义，它让我向往高尚的爱
它在路易斯安那辽阔的土地上闪闪发光
没有爱人，没有朋友依然独自快乐地生长
但是我明白我做不到这样

现在我们仿照这首诗做一个诗歌练习。

首先，我们用这句话开头：

我在____见到一棵____树

第一处空格写地点，第二处空格写树名。

然后，至少用两个词或短语来描述一下这棵树的细节，比如它的模样、颜色、姿态等；至少用三个词或短语来描述这棵树带给你的感受；写一写你做了些什么，比如你抚摸树干，或者在树底下坐下来，或者捡起一片树叶，总之写一个你自己的动作。

最后，写一个画面，画面中包含了你自己和这棵树。

下面是一些练习作品：

蜡　　梅

秋秋

我在高楼门见到一株蜡梅
乌黑欹斜的枝干上盛放着

明黄色花朵

像一盏盏夜幕下的路灯

花朵正艳，即将由盛转衰

想上去嗅一下蜡梅

风太冷，冻结了花香

三棵悬铃木

章红

我在湖边见到三棵悬铃木

并排站立在天空下面

身躯笔直，树干洁白，叶子如黄铜的薄片

在蓝天下泠泠作响

我无法让脚步离开

仰望它们，如仰望神祇

它们不说话

只用庄严的伫立，抚慰一颗不安的心脏

榕　树

茶

我在北海见到一棵榕树

歪倒在地

从树冠走到树根
有三家店铺的距离
台风拔起一半的树根
披散的榕须耷拉在
苍劲粗糙的皮肤上

想去抚慰躺倒的大树
我的手伸过去又立刻缩回
像蜗牛遇险时的触角
我分明感到
老榕树仍然茂盛的绿叶
对我
缓慢地眨了一下眼睛

“妈妈，它还能活。”
儿子的小手探寻着
一直寻到土壤

柿 子 树

红叶水上漂漂

我在记忆里看到一棵柿子树
它根植于故乡，村子的南面
椭圆形的树叶肥厚浓密，果实方正鼓胀

夏天的傍晚，提着小竹篮采摘豆荚的小女孩，聚集到树下

低矮多杈的枝干，连最小的孩子都能在大家的帮忙下攀爬

我记得那些骑在树杈上的日子，晃荡着双脚，唱歌、聊天，说着怎么也说不完的话

城里回来的小艳带来一首新歌

“姑娘你嫁人不要嫁给别人，一定要嫁给我。带着你的妹妹，赶着你的马车……”

什么狗屁歌，嫁人竟然还要让人家带着妹妹和马车？

哈哈哈……你是不是记错？哈哈哈……

叽叽咕咕半天，瞅瞅左右无人，便响起了学唱声

“姑娘你嫁人不要嫁给别人，一定要嫁给我……”

歌声由小变大，变得欢畅，变得不羁

伴随着与晚霞一样绯红的脸庞

这次写作练习，孩子们相当踊跃，我猜这缘于：

人人都会和树有交集，树拥有各样形态，树有生命，树是可以亲近的。

最终收获的这些作品都很质朴，如同树本身，或许不珍稀、不名贵，但呼吸着、摇曳着，充满了生命力。

那些让人快乐的小泡泡改变了你和我

教育已经成为一种全民焦虑。父母们陪写作业时的崩溃状态成为广泛流传的段子，虽然其间不乏夸张的自嘲自黑，但也的确反映出父母在孩子教育上过大的压力与失衡的心态。现代社会的高度竞争给人们带来的心理焦虑无处不在,由父母传递给孩童,也使得亲子关系变得剑拔弩张。

但事实上，只有良好的亲子关系才能形成健康的教育。教育并没有那么复杂深奥，教育就是陪伴与接纳。陪伴意味着你愿意花时间与孩子相处，接纳意味着你尊重、欣赏一个真实的孩子。

出乎预料的是，写诗这件事极大地促进了亲子关系。练习写诗不仅改变了一些孩子，同时也改变了父母们的生活。

张裴培是一位年轻妈妈，从事外贸行业，会讲好听的英语。她平时工作忙碌，开始学习写诗之后，每到夜深人静，她往诗歌群里一甩就是十几首诗。她的男孩叫杨璟轩，前面我们已经读过不少他的诗了。大家喊他“诗歌小王子”。

那些小诗像生活中快乐的小泡泡，我边读边忍俊不禁。母子俩共同写就的小诗简直囊括了他们生活中的一切，诗歌成了他们精确简短的生活日记。每一个不起眼的日子，通过语言延伸和定格，成为一个家庭的永恒。

张裴培说：小孩子用口语表达更加容易跟上大脑的速度，一下两下就说完了；如果让他写下来，估计还没写一半想法就已经溜了。所以妈妈的记录很重要。

记录这个行为本身，意味着关注、合作、嘉奖。妈妈要去听见孩子，看见孩子，认同孩子，之后才可能采集到诗歌。

在这样的合作与嘉许中，孩子的语言能力在欢乐中豁然敞开了。

杨璟轩身上的变化是：他愿意被妈妈记录，说了一句有趣的话，他甚至用肢体动作提示妈妈记录。

张裴培说：“我现在不敢主动跟他搭讪，要不然会埋头苦记，有时候记一个关键词，转头就不记得当时说了什么，最好是当场完整记下来。其实也蛮累的。那个精力集中啊，不然一松懈那些语言就溜走了。

“现在陪他写话题作文，简直就是开微型写作研讨会。我坚信他会持续进步，因为从写诗开始，他潜意识里已经养成了结合新知识与日常生活、用写诗思维自发训练语言的习惯。”

事实上，这些诗既属于杨璟轩，也属于张裴培，因为她在记录的时候，诗中已经渗透了她的眼光与情感。

Sunshine 是两个女孩的妈妈，这是她记录的生活中的一个小泡泡：

小恶魔说——

早上一睁眼
小恶魔说——
我不要起床
我不要穿衣服

好吧好吧
那你再睡会儿

小恶魔说——
我要睡姐姐的被窝

姐姐：不要不要！
小恶魔说——
那我就哇哇哭！

小恶魔哇哇哭着起来了
哇哇哭着穿好衣服
妈妈说该刷牙了
小恶魔说——
我不要刷牙
然后倒掉牙缸里的水

哎呀呀小恶魔
你知道妈妈都快被你累昏了吗

妈妈
那你为什么不哇哇哭呢？

一个焦头烂额的早晨跃然纸上。小孩子既是妈妈的烦恼之源，又用自己的方式给予妈妈安慰和体贴，妈妈一定会从小恶魔的建议里感受到童心带给人的欢乐吧。

楚楚是个四岁男孩，下面是妈妈 Coco 记录他的话语写成的小诗：

企鹅式摔跤

Coco

妈妈，刚才
我摇摇摆摆地走路
像企鹅一样
扑通一下
我的头
就撞在了门上
这不是门的错
是头的错

再来欣赏一些可爱的小泡泡吧！这些诗，都是父母与孩子交流的实录。通过这些小诗，我们可以看到孩子纯真的心地与父母们珍贵的敏感性。

假　装

点点

妈妈，这里像一个博物馆
我要假装成
恐龙化石的样子

你帮我拍张照

选 妈 妈

点点

姐姐那么小的时候我在干吗?
我大概在排队选妈妈

那你选对了吗?

没选对
好妈妈都被前面的小朋友选走了

拥 抱

晓琴

有一天要上学
明宇跑过来抱着我
我气急败坏
“快走快走，抱我干什么？”

“妈妈，我只想给你个大大的拥抱。”

疙 瘩

周芳

爸爸，你的脖子上怎么有个疙瘩?
大宇指着爸爸的喉结问。

等你长大，也会有的。

爸爸，你看，
我脚上也有一个鼓鼓的
和你一样的疙瘩。
大宇搬起脚丫，
认真指着脚踝。

睡前的话

喻洁

妈妈
你的肚子软软的暖暖的
真好
这就是我以前的家
我好想回家
回到那个没有作业的家
我知道我回不去了

诗人庞培说："孩子和父母之间天然地形成某种诗的生成关系。生为人父，常会受到生命最初的梦想的熏染和感动，同时这也是语言的表达之源。人人都想记录和写出这份感动。"

的确如此。不管别人怎么看待，你对生命的感悟、记录，这个行动本身从一开始就有价值。

有没有全无意义和价值的写作呢？答案是有。一个对日常生活白描式的写作，与一个用陈词滥调套路化的抒情相比较，后者就没有价值。因为既没有你对生活的真实观看，那个感情也不是从你自己头脑和心灵滋生出来的，是一种虚假的感情。这种写作就没有价值。

当你描述生活的时候，有了某种发现，比如发现了某种趣味，体现出幽默感，或者发现了一种情感，洞察了某个真相，那诗意就在其中了。

就用张裴培这首小诗作为本篇结尾吧！

诗歌发动机

妈妈没跟你在一起的时候
会不会错过了很多
你的诗

不会，我只有跟你
在一起的时候
才会写诗
妈妈你是我的诗歌发动机

第三章

CHAPTER 3

写出你心灵的故事

情感中潜藏着故事的种子，

如果你抓住它，

想象力就有可能把你带到很远的地方去。

万物都蕴含着故事的种子

故事是种有魔力的东西。记得我还是个小孩子的时候，每天晚上临睡前都要恳求妈妈，再讲个故事吧，再讲个故事吧，就一个！

爱听故事简直是种永恒的人性。

某种程度上，作家就是讲故事的人，尤其为孩子们写作的作家——没有比小孩子更爱听故事的人了。那么作家们是怎样发现故事的？

有一篇短小的童话叫《国王的花》。有一个国王，他特别迷恋“大”这件事，每一样东西都要比别人的更大。他居住在一个很大的宫殿里，戴着很大的王冠，睡在巨大的床上，爬上爬下要使用一架梯子。他的牙刷大得要两个人才能搬动。他宫殿里的钟声大得要震聋耳朵。当他种下一株郁金香的球茎，他就想让它长成世界上最大的郁金香花朵。但郁金香可不会听从他荒谬的指令，只是按照自然赋予它的面目平静生长。这个国王终于领悟到，郁金香花朵是小的，但也是美的。他说：“我不可能使它成为世界上最大的花。也许这样更好。”

童话作者曾经说起他是怎么想到写这个故事的。有一天，他看见卡车上装着一个煤气储存罐，突然异想天开：如果有一个像这样大的咖啡杯，那会怎样？他幻想着自己用手和膝盖爬上高高的杯子，到杯口喝咖啡，那种想象简直让他感到晕眩。他又接着幻想出一些巨大的东西，比如一支如同电线杆一样的铅笔，一架如同大山一样的游戏场滑梯，一只大得他能躺在里面的靴子。他甚至还幻想过一朵像伞那么大的郁金香！他发现这种幻想带给他无穷的快乐。

从这种突然而至的幻想开头，他构思了这个故事。那些快乐的幻想就是这个故事的种子。当然，在后来的写作中他有了更深入的思考，一味追求巨大，是种贪婪与不理智，自然的本来模样才是美好的。但无论如何，这个故事是从作家最初好玩的想象开始的。

J.K. 罗琳的“哈利 · 波特”系列，构建了一个宏大完整的故事世界，这个故事最初的萌发是在一次火车旅行中。J.K. 罗琳坐在从曼彻斯特开往伦敦的火车上，火车误点四个小时，她看着窗外，耐心等候。突然，一个小巫师的形象浮现在窗玻璃上，是一个瘦小、黑头发、戴眼镜的男孩巫师。刹那间她就明确了，她想写这个男孩巫师的故事。是不是车窗玻璃上真的有这么一个小巫师形象呢？当然不是，这个形象是她脑海中产生的，因为非常真切具体，她简直就像直接看到了这个形象。据说绝大多数人都是通过画面来思考的，灵感也常常是以画面的形式降临。后来J.K. 罗琳说：“从六岁开始，我就不间断地写作，但我从未因某个点子而如此兴奋，直到那时。”

要建构出整个“哈利 · 波特”系列的故事，作家还要付出非同小可的精神劳动，但是当年窗玻璃上浮现的小巫师形象，是故事最初的种子。

我写过一篇童话，叫《估衣廊》。故事写一个女子因为丈夫意外去世而陷入孤独和恐慌，丧失了对生活的热情。在晚霞满天的时分，她被一辆奇异的出租车带到了从前的估衣廊，这条街上全都是卖衣服的小店，“衣服用草茎织成，用蛛丝缝制，还糅进了花朵的芳香”，最珍贵的是每一件衣服上都凝结着一段时光，购买衣服需要支付的钱币是一个又一个美好的回忆。她最终买下了一件丈夫常穿的深蓝色的套头毛衣，而那开店的蟋蟀似乎正是女儿的化身……当生活面临坍塌的时候，孩子抚慰并拯救了大人。母亲从孩子的世界中汲取生存的力量，终于将自我打开，走出阴郁和封闭，重新审视生活之美。

这个有一点复杂和忧伤的故事，起源仅仅是我女儿秋秋的一句闲谈。那时她上小学，我们家住在一个巷子里，很常见的那种巷子，两边是楼房，底楼有一些小店铺，水果店、小吃店、花店、服装店、茶叶店……有一天我们俩待在窗口朝下看，她突然说：“有时候我会觉得，一到傍晚，这个巷子里就全是卖衣服的摊子，燕尾服、雪白的纱裙……什么样的衣服都有，店主都是小昆虫等小动物们。”

我看着她，觉得非常惊奇，面对这么一个普普通通满是人间烟火的巷子，她怎么会生出这么匪夷所思的想象？！我为她这奇异的想象震惊，这种震惊推动我写出了这篇童话。童话中融会的完全是我的情感、经验，但最初那一刻，那个灵感被点亮的一刻，就来自那句闲谈，来自秋秋那个想象。

看，一个奇思异想，一个突然降临在脑海中的形象，一句无意中听到的话都有可能变成一个故事。故事就是这样启程的。声音、气味、风景、想象或者一个场景、一个梦境……所有这些偶然来到你身边的小细节唤起你的情感，就像头脑中骤然透进一丝光线。

在唤起的情感中就潜藏着故事的种子。它们在潜意识中飘忽，如果不抓住，它们很快就会滑过去，沉入思维海洋的深处，再也打捞不上来。但如果你抓住它，想象力就有可能把你带到很远的地方去。

体会创造故事的滋味

很多孩子都为自己的来历编织过有趣的故事。秋秋在三岁的时候寻找到了自己的来历：在来到地球之前，她住在一个名叫撒拉波的星球上。那个星球非常小，还能够变形，有时候是三角形，有时候是正方形，有时候是圆形……那个星球上的人都特别小，没有身体，只有头和两只翅膀。

有一次，这个星球变成了一只鸟的形状四处飞。当抵达地球上空的时候，她离开了星球，想自己四处逛逛。她飞呀飞呀，飞了很久，她的翅膀渐渐没有力气了，再也飞不动了，她掉了下来——正好掉进妈妈嘴里，被妈妈一不小心吃到肚子里去了。

很长一段时间，她半真半假地相信着这个来历。有时候她撒娇地喊：“翅膀！你们把我的翅膀藏到哪儿去了？我要我的翅膀！”

遭到呵斥的时候，她会威胁我们：

“那我回我自己的星球去了，再也不回来了！”

她上幼儿园时，我们家住二楼，傍晚时分，她常在阳台上看着我骑车回家。有一天，她对我说：“妈妈，我不想剪头发。我想让我的头发一直长一直长，长到两层楼那么高。等你下班的时候，我把辫子垂到楼下，你把自行车啊包包啊全部拴在我的辫子上，我一甩就甩上来了！”

出于一名儿童文学编辑的职业习惯，我稍一琢磨，说：“嗯，这个故事还不错……”

秋秋诧异地反驳：“这不是一个故事,这是一件我真正想做的事情！”

一日，我穿了一条牛仔连衣裙，边照镜子边问她：“妈妈这裙子好看吗？”

她说：“转过来我看看。”

我转过身去，裙子胸前是一长排扣子，她说：“还不错。如果扣子能够全部换成宝石那就更好了！”

——这三个小故事照见出，人类在小时候，头脑是无拘无束的，现实与幻想之间是没有界限的。没有什么“不可能”。小孩子按照自己的心愿与对美的感知来重新建构世界，而这正是人类最初的创作能力，自发的创作欲望。

秋秋念小学三年级的时候，编了一系列以小熊咕噜噜为主人公的故事，这是其中较为完整的一个，她口述，我记录了下来。

收 破 烂

一天清早，小熊咕噜噜被一阵吆喝声吵醒了：

“有破烂拿来卖哎。有破烂拿来卖哎……”

他从窗户里探出头去一看，原来山坡上来了一个骑着三轮车收购破烂的人。

“咦，这倒是很不错。如果我也能当一个收破烂的人，那就太棒了。”

“有了！”小熊脑筋一转，从杂物间里拖出一辆三轮童车，又从家里找出一些旧衣服、旧鞋子放在车上。“这样，别人也会认为我是一个收破烂的人啦！”他满意地想。

咕噜噜骑着三轮车出了门，嘴里也喊着：“有破烂拿来卖哎。有破烂拿来卖哎。”

小猴从窗户里探出头来一看，说：“原来是咕噜噜啊。我有一个桃核，可以当破烂卖给你，你要吗？”

“要啊要啊。不过我没有钱给你。”

“没关系。我不要钱。”小猴大方地说。

小狗见到咕噜噜，给了他一根肉骨头；小猪见到咕噜噜，给了他一块西瓜皮……当然，他们都没要钱。

咕噜噜心满意足地回了家。转悠了一整天，他太累了，回家后倒头便睡。

傍晚，熊爸爸、熊妈妈下班回了家。熊妈妈一进院子门，高跟鞋踩到一块西瓜皮，立刻摔了个四脚朝天！熊爸爸则吃惊地发现院子已经变成了一个垃圾场：肉骨头引来成堆的蚂蚁，桃核招来黄蜂……熊爸爸一声怒吼：“咕噜噜，这是怎么回事？”

然而咕噜噜正在呼呼大睡，什么也没有听见。熊爸爸只好自己拿起铁锹，在后门挖了个大坑，把咕噜噜收来的破烂统统埋了下去。

咕噜噜睡了三天三夜才醒。等他醒过来的时候，他收的破烂都不见了，只在后门那儿长出了一棵小苗。

那小苗长啊长，后来长成了一棵桃树。咕噜噜每天都眼巴巴地看着它，盼望着吃桃子的那天可以快点到来。

咕噜噜心满意足地想："收破烂真不错啊！"

许多孩子在成长过程中都尝试过创作故事，父母可以鼓励并记录下来，但是最好不要抱有发表、出版的想法，因为这会给大人、孩子都带来太大的压力，还会改变孩子创作的初衷与心态。

在想象与现实之间进进出出

怎样把故事讲得像真的一样？也就是，怎样达到艺术的真实？

我有过一次难忘的阅读经历，那就是读卡夫卡的《变形记》。在一般人的印象中，卡夫卡不算一个很好读的作家，他是作家中的作家——这是什么意思呢？那就是作家们也要向他学习写作。他无疑是个深刻的、具有现代性的作家。读《变形记》之前，我怀疑自己是否读得下去，毕竟对一只甲虫的生活，我也没有特别的兴趣。

但我得到了与预想的完全相反的阅读体验。

《变形记》开头就是：格里高尔早上起来，发现自己变成了一只甲虫。简直石破天惊。没有任何铺垫，也不是给小朋友写童话故事，他就这么告诉你：一个人变成了甲虫。人怎么可能变成甲虫？没有一个理智尚存的人会相信这点。

但是接着往下看，你会完全沉浸在这件事中。你相信在世界的某个地方，有个叫格里高尔的人，他无辜地变成甲虫，遭到家人抛弃，悲惨地死去。你感到你的心在为他哭泣。卡夫卡是怎么做到这一点的？我们来看看小说前三段。

一天早晨，格里高尔·萨姆沙从不安的睡梦中醒来，发现自己躺在床上变成了一只巨大的甲虫。他仰卧着，那坚硬得像铁甲一般的背贴着床，他稍稍抬了抬头，便看见自己那穹顶似的棕色肚子分成了好多块弧形的硬片，被子几乎盖不住肚子尖，都快滑下来了。比起偌大的身躯来，他那许多只腿真是细得可怜，都在他眼前无可奈何地舞动着。

看，第一段描写了变成甲虫后的格里高尔的外形：像铁甲一样坚硬的背部，肚子由许多棕色的弧形硬片组成，大大的身躯上许多条细瘦的舞动的腿——这外貌无疑就是甲虫的写实。

“我出了什么事啦？”他想。这可不是梦。他的房间，虽是显小了些，的确是普普通通人住的房间，他仍然安静地躺在四堵熟悉的墙壁当中。在摊放着打开的衣料样品——萨姆沙是个旅行推销员——的桌子上面，还是挂着那幅画，这是他最近从一本画报上剪下来装在漂亮的金色镜框里的。画的是一位戴皮帽子、围皮围巾的贵妇人，她挺直身子坐着……

——第二段让读者清清楚楚地看到了一个房间，由四堵墙壁组成的一个封闭空间，格里高尔居住的房间，桌上摊开的衣料样品，墙上挂着的画，一切都和从前一样。他生活的场景没变，只有他变成了甲虫。

格里高尔的眼睛接着又朝窗口望去，天空很阴暗——可以听到雨点敲打在窗槛上的声音——他的心情也变得忧郁了。“要是再睡一

会儿，把这一切晦气事统统忘掉那该多好。”他想。但是完全办不到，平时他习惯于向右边睡，可是在目前的情况下，再也不能采取那样的姿态了。无论怎样用力向右转，他仍旧滚了回来，肚子朝天。他试了至少一百次，还闭上眼睛免得看到那些拼命挣扎的腿，到后来他的腰部感到一种从未体味过的隐痛，才不得不罢休。

——这一段描写了格里高尔的心理。窗外阴暗的天空，雨点敲击窗户的声音，这是现实存在的实景，这种现实的气氛让他无法相信自己身上发生的变化。他告诉自己这只是一个晦气的梦，再睡一会儿，等醒过来就一切正常了。但是接下来的行动又迅速击破了他的幻想，他没法像过去那样入睡，这个事实提醒他，自己的确变成了甲虫。

卡夫卡是怎么让一个人变成甲虫这件事显得真实可信的？仅看这开头三段，从外貌、环境、动作、心理等方面一一入手，营造出一种真切的情境。故事既是魔幻的——人变成了甲虫，又是现实的——环境不曾变化，格里高尔的思维亦一切如常。变形与真实的界限消失了，魔幻变成了现实的组成部分。这就是艺术的真实。

《百年孤独》中，马尔克斯想让蕾梅黛丝飞上天，但一直想不出一个好方法。直到某天灵感来临，他让蕾梅黛丝晾衣服的时候拽着床单飞上了天。床单就是一个现实细节。人不可能真的飞上天，但是床单是可以被风吹起来的，人是可以拽着床单的，这样一个画面虽然并不可能成真，但让人找到了与现实联系的通道，读者对画面的想象有了一个真实的依托。蕾梅黛丝飞上天这件事有了一种现实感，是因为有床单这个细节化的道具作为现实与想象之间的媒介。

把不可思议的想象、不可能发生的事情，与现实生活的实景联系起来，会让天马行空的故事也变得真切起来。有时候小孩子会无意中做到这一点。这是秋秋小学时的一则日记：

> 今天老爸老妈都出去打羽毛球了，把我一个人丢在家写作业。呜！呜！呜！为什么只有我像只家猫留在家里看家？不过当只家猫也不错：吃吃东西，睡睡觉，偶尔撒撒娇，多好呀！又不要写作业、上课。我幻想自己是只家猫，趴在地上，蜷起手脚，闭上眼睛，一边趴着一边看家。吃饭时我爸看我吃饭，像一只狗看一只猫吃“老鼠”。

她把自己想象成一只猫，把猫的动作、神情与行为一一想象出来，神来之笔是“我”吃的饭是老鼠——这就是有细节的想象。

写作最大的快乐就是我们可以创造自己的世界，但这个世界必须很具体才会让人有真切感。你的奇思妙想最后都要落实到一个个微小的事物。假设你的幻想是一个空房间，你不能只有空荡荡的四壁，你得给你的房间安上可以进出的门，可以推开的窗，描绘出门上的花纹、窗棂的形状、窗帘的颜色，窗外风景又是怎样的呢？你还要在屋里摆上家具，给墙壁挂上画儿……如果你能够穷尽一切办法，用各个方面的细节来填充你的想象，你创造的这个世界就会显得很真实。

425 头大象在天上飞

安房直子有篇童话《月夜的桌布》，故事讲开茶馆的“我”——茂平太太在溪边遇到狗獾，狗獾正在洗一块雪白的桌布。狗獾骄傲地宣称他拥有一家漂亮的饭店，好奇的茂平太太就选了个日子去做客了。这个故事并没有特别曲折的情节，但是读起来非常动人。它是怎么做到的呢？

首先，茂平一家按照上次狗獾的指引走在路上，一路不停地看竖起的路标：雪之下饭店。路标上标有箭头指引着方向。

“真细心啊，还竖着路标。”茂平夫妇感慨。

路标一块接着一块，目的地越来越近，牌子越来越大。起先只有一块门牌号般大小，然后是一张图画纸大小，渐渐地变得和报纸一样大了。再然后是一张翻开的报纸大小。到了最后，竟和一张榻榻米差不多了，顶天立地地竖在面前。

最后一块路标上没画箭头，只写着一行黑字：

> 雪之下饭店欢迎您

这个过程，我们好像能看到一家三口走在森林里，沿着路标去寻找一家饭店的样子。

到达目的地了。小说接下来写：

> 这是崇山峻岭上的一片空地。四周丛林环抱，安静极了。但没有类似饭店的建筑。只是在一片长满雪之下的地面上，铺着一块四四方方的白布。
>
> ……就是上次狗獾在山谷里洗的那块桌布啊。桌布上，摆着三个大盘子和三只玻璃酒杯。

这是关于饭店的细节，有桌布、盘子、玻璃杯。周围是丛林，地上

长满虎耳草（雪之下即虎耳草）。环境的清幽可见一斑。

店主狗獾出现了，它殷勤招呼客人。茂平夫妇坐下来一边等候上菜，一边眺望月亮——“像黄桃的果实一样的月亮”。

狗獾端来菜肴：油炸虎耳草、蒲公英沙拉、凉拌雪竹和拌芝麻的牛尾菜……一桌清爽可口的野菜宴。玻璃杯里盛着清水。

狗獾拿出小提琴，演奏起莫扎特的乐曲。

浪漫的晚餐结束。最后，狗獾拿来一枚小卡片，上面写着“会员证”。

“这送给你们。下次来的时候请一定带来。这座饭店是会员制的啊。没有会员证的人，是不让进的。还有，如果要来的话，还是请选择在浪漫的月夜来吧。”

茂平一家正要踏上归途，听到狗獾在后边叫喊。

> “那我就关灯了。”
>
> 关灯？这间屋子里没看到有什么电灯啊……正当我东张西望的时候，狗獾跑到那块巨大的招牌前头，抓住右面垂下来的一根绳子，往下一拉。
>
> 啪嗒！
>
> 像按下照相机快门一样的声音。突然，四周一下子暗了下来。
>
> 月亮被云彩遮住了。
>
> 也就是在这同一时刻，盘子呀，杯子呀，连桌布也都一股脑儿地消失了。
>
> 狗獾也不知藏到什么地方去了，一切都结束了。

雪之下饭店，这几个字本身就传递着一种安静，一种不染尘埃的意

境。越来越大的路标，丛林中的空地，雪白的桌布，一道道食物的名称，都具体描绘出来，玻璃水杯泛着清冷的水光，月亮是黄桃一般的，小提琴奏出莫扎特小夜曲……所有这些共同营造出了一种安静优雅且真实的氛围。

到就餐结束，关灯那一下，故事的气氛达到了高潮。关灯，生活中常见的动作。而小说中这一下关灯可不得了，四周一下暗了下来，云彩遮住月亮，给读者带来梦幻一般的神秘感。

想让你的故事真切动人，就要用很多细节去创造出一种氛围。事物、人、风景、词语、气味……所有这些，都会传递出自身的气质。这时候就需要你调动起一切感官，捕捉住隐藏在它们下面的气息，精心选择准确的词语，营造故事的氛围。“如果一个作家写得足够好，当他写下雨的时候，读者感到的不是正在下雨这个事实，而是被雨淋的感觉。”——就是说，要让读者身临其境。

任何细节都有这种效果，一种声音，一种味道，光线的明暗，抚触的感觉，一首歌的名字，甚至一个具体的数字——《百年孤独》的作者马尔克斯有个经验之谈：你说大象在天上飞，人们可能不相信你；但是如果你说 425 头大象在天上飞，人们可能会相信你。

设置人物的小诀窍

读者阅读文学作品，最想窥探的就是人的生活，别人是怎么生活、怎么思想、怎么行动的呢？他们经历了什么？在童话里面，人物不一定是人，也可能是大灰狼，是丑小鸭，是绒布兔子或者小鼹鼠，是稻草人、铁皮人,都有可能,但都是一种人格化的存在,所以我们统统都叫“人物”。

如果你的人物塑造成功，故事就成功了80%。因为没有什么东西会比人物更让读者感兴趣。人物的性格、人物的活动就构成情节。

这里提供两个设置人物的小诀窍。

《吹小号的天鹅》，美国作家E.B.怀特的作品，这本书在任何方面都堪称儿童小说的教科书。吹号天鹅是种很珍稀的野天鹅，因为叫声嘹亮，人们称其为吹号天鹅。可是同样属于吹号天鹅家族的小天鹅路易斯偏偏不能发声。作为吹号天鹅却不能发声，这是他与生俱来的缺陷，也是他最重要的特质。

正是因为有这个缺陷，路易斯才会去向小男孩萨姆求助，学习写字。因为他想：既然我发不出声音，那我最好学会另外一样本领，可以替代说话。

因为路易斯不能发声，天鹅爸爸才会想到要去帮他搞一把小号，为此铤而走险飞到城市,从天而降撞破乐器店的玻璃窗,当众抢走一把小号。

小号成了路易斯不能缺少的一部分，解决了他不能发声的困境，与此同时，也给他带来了一个使命、一种责任，那就是他必须出门赚钱，好让爸爸赔偿乐器店老板的损失,弥补良心上的歉疚,也为爸爸恢复声誉。

一系列精彩故事都是建立在路易斯不能发声这个人物特质上的。

当你考虑写一个人物，也可以这样入手：让你的人物具备一个与生俱来、无法更改的特质。比如路易斯是不能发声，那么设想一下，一个声音特别洪亮的人物会不会也能引发出一连串故事？一个跑步特别快的人或者一个跑步特别慢的人，一个记性特别好的人或一个格外健忘的人……他们身上一定能发生一些给读者留下深刻印象的故事。

再来看一下公牛菲迪南的故事。

从前，在西班牙有一头小公牛，他的名字叫菲迪南。

和他生活在一起的另外那些小公牛，又跑又跳，互相之间头撞着头，但菲迪南不这样。

他喜欢安静地坐着，嗅着草地上的花朵。牧场上有一棵软木树，那树底下是他最喜爱的场所。他喜欢整天坐在树荫下，嗅着鲜花的清香。

有时候，他的母亲——一头奶牛，对他很不放心。她害怕他会变得越来越孤僻。

“你为什么不跑去跟别的小公牛玩耍，不跟他们头对头地撞撞呢？”她说。

菲迪南摇摇头：“我更喜欢静静地坐在这儿，嗅着这些鲜花。”

……菲迪南越长越大，最后长成了一头很大、很有力量的公牛。

另外的小公牛，也和他一样长大了。他们整天在草地上练习角斗，他们用自己的角互相撞着。他们全都渴望着能被选到马德里去参加斗牛活动。

但菲迪南不想。他仍旧喜欢安静地坐在软木树下，嗅着鲜花。

一天，来了五个人，他们全戴着奇形怪状的礼帽。他们要挑选最高大、最灵敏、最凶猛的公牛到马德里斗牛场去。

所有公牛都在他们面前一圈圈奔跑着，冲撞着，跳跃着，喷着响鼻，以此来显示他们是多么强壮和凶猛，并希望能被选上。

菲迪南知道，他们不会挑选到他，所以他一点也不关心。他走到心爱的软木树下，他要去坐一会儿。

树荫下的草地是那么凉爽，他看也没有看就坐下了，谁知他刚好坐在一只大黄蜂上面。

好，如果你是一只大黄蜂，一头公牛刚巧坐在你的身上，你会怎么样？你一定会去蜇它。那只大黄蜂正是这样去对付菲迪南的。

哇！屁股上了被蜇一下！菲迪南一下子猛跳起来。他猛烈地喷着气，冲撞着，蹄子拍打着地面。他简直要发狂了。

那五个人看着他，全都兴奋地喊叫起来。这是一头最高大最凶猛的公牛，正适合到马德里斗牛场去！

于是在斗牛那天，他们把他牵上货车运走了。

可是在斗牛场上，无论斗牛士怎么挑逗，菲迪南都不愿决斗。他外形高大威猛，他们叫他凶猛的菲迪南，可是却怎么也无法使他凶猛起来，他就是不愿用他的角向四周猛撞、猛顶、猛戳。

看台上来看斗牛的女士们头上都插着鲜花，后来菲迪南干脆坐了下来，安静地嗅着花香。

于是，他们只得把菲迪南送回家去。

以后，他仍旧坐在他喜爱的软木树下，安静地嗅着鲜花。

他很快乐。

菲迪南，一头高大粗壮的公牛，看上去很凶猛，却一点也不好斗，只喜欢安静地坐在树荫下嗅闻鲜花的清香。菲迪南这个人物与他身处的环境构成了对比与反差，故事就埋藏在其中。

第二个小诀窍是你可以让你笔下的人物拥有某种怪癖。怪癖意味着一个人有不能自控的部分，它像一个孔洞，透露出人物内在的真实。当你写出这份真实，当中就有你对人物的理解，而读者也会因此把一份同情给予你的人物。

怪癖也会让一个人物显得有趣，让读者对你的人物感到亲切——这不是一个虚拟的人物，而是和我们一样真实的存在。

你观察生活中的人，很多人都有大大小小的怪癖。比如哲学家康德每天的生活像时钟一样准确，下午一点他一定会出现在小镇进行例行散步，以至小镇的人用他的出现来对时。

我写的小说《唐栗子和他的同学们》里面有个邵琳娜，她总是喜欢说“我可怜又可爱的……啊！”

每天来到学校，坐下来的时候她会说：我可怜又可爱的凳子啊！

拿出文具盒，她会说：我可怜又可爱的文具盒啊！

中午去打饭，她会说：我可怜又可爱的碗啊！

拿出小毛巾擦嘴，她会说：我可怜又可爱的毛巾啊！

…………

这“可怜又可爱”的怪癖，体现了小姑娘的个性。怪癖让人物从环境背景中凸显出来。怪癖还容易产生戏剧性，推动情节往下发展，让故事生长起来。

读者看书的时候会有代入感，所以你的主人公即便具有“怪癖”，也最好在情感上能引发人的同情与共鸣。比如《绿山墙的安妮》，安妮是个话痨，但是当你得知她虽是一个无依无靠的孤女，可并没有蜷缩起来，而总是热情洋溢地表达对这个世界的感受，那种勇气与热情就会感染你，让你喜欢上这个人物。

写出你心灵的故事

我为《少年文艺》工作的时候，接到过一份来稿，那是我迄今不能忘怀的一个故事。那是一篇童话《我的小鲸，永不沉没》，作者叫李晓燕。这个故事说，在宇宙中有一个水星球，水星球上生活着人鱼家族，每个人鱼家庭都有属于自己的鲸鱼，他们生活在鲸鱼的背上。有一个人鱼家庭，人鱼妈妈快生小宝宝了，全家人都在期待着。可是这个刚出世的人鱼宝宝没有给全家人带来快乐，反而带来了惊异和恐慌，因为她没有人鱼的尾巴，却长着两条腿。在人鱼看来，没有人鱼尾巴却长着两条腿的人鱼女孩是多么丑陋啊！

人鱼女孩就在家人的嫌弃与水星球人鱼的歧视中长大，最脏最累的活总是由她来干。有一次，在海底采水草的时候，她捡到了一颗会发光的种子，她把种子揣在口袋里，每天用体温温暖它，种子长啊长，最后竟然长成了一条小鲸鱼！有了自己的鲸鱼，人鱼女孩不再那么孤独。小鲸鱼一天天长大，当它长到能够承受人鱼女孩的重量时，女孩就离开自己的家庭，搬到鲸鱼的背上去生活了。这件事在水星球也引起了轩然大波，因为这么丑陋的人鱼女孩也拥有了自己的鲸鱼、自己的生活，他们非常看不惯。但是有了小鲸鱼的陪伴，人鱼女孩可以不理睬这些白眼和非议，她和小鲸鱼一起愉快地生活了一段时间。

很不幸，后来小鲸鱼病了，怎么也治不好。有一天小鲸鱼对人鱼女孩说：妈妈（因为是人鱼女孩养育了它，所以小鲸鱼叫她妈妈），你坐到我的背上来，闭上眼睛，直到我说睁开，你再睁开眼睛。人鱼女孩照做了。小鲸鱼游啊游，游得非常快。终于，小鲸鱼说：妈妈，睁开眼睛吧。人鱼女孩睁开眼睛，这时候她发现，在海岸线的尽头，出现了传说中的陆地。

小鲸鱼说：妈妈，这是我能为你做的最后一件事，你应该是属于陆地的。

女孩说：你怎么知道？

小鲸鱼说：是爱的本能告诉我的。

说完这句话它就沉入了大海的深处，再也没有上来。人鱼女孩带着伤痛，也带着希望，往陆地游去。

我们知道，这个世界上或许有水星球，但绝对不会有生活在鲸鱼背上的人鱼家族，这是一个虚构的故事。但是，如果你知道作者李晓燕的经历，你就会发现这故事中的每一句话都是在说她自己。

写这个故事的时候李晓燕十八岁，她天性敏感，与校园环境格格不入，又遇到粗暴的老师不公正的对待，同学们待她也相当冷漠。她做不到和大家一样。她孤独到极点，周围是无法明白她的父母，无法宽容她的老师，无法理解她的同学。她想不通。她知道他们不对，可是不知道自己对不对。在最孤寂的时候，她有机会去到陕西的一个山沟，在那里她拥抱了一棵树。她说：我不能得到一个拥抱，但我总可以拥抱一棵树吧。

是的，可以拥抱一棵树，或者拥抱一条想象中的鲸鱼。忧伤给她带来灵感，但她并未止步于忧伤。李晓燕说，她曾经很冷很冷地生活过，所以她把渴望得到的温暖放在童话中了。

在哈利·波特的故事中，哈利·波特最害怕的不是伏地魔，而是摄魂怪。每次摄魂怪一靠近，他就会被淹没在彻骨的寒冷中，他的力量、希望、

所有美好的记忆都会被吸走，他会变得像失去灵魂的行尸走肉。在 J.K. 罗琳笔下，摄魂怪的形象是这样的：身披斗篷，身高可及天花板，脸部完全隐藏在头巾下面，你看不到它的面目；一只手从斗篷里伸出来，这只手发出微光，灰色、瘦削而且结了痂，像是什么东西死了，又泡在水里腐烂了。它们成群结队地出没在最肮脏黑暗的地方。哈利·波特作为魔法圣婴，可以抵挡伏地魔，却对摄魂怪毫无抵御能力。

J.K. 罗琳是如何在书中构建出摄魂怪的形象的呢？那是出于她内心一种长期的情感积累。在相当长的一段时间里，她婚姻不幸，丈夫有家暴行为，自己失业，靠救济金生活，还要独自抚养女儿，几乎走投无路。她身患抑郁症，曾经试图自杀。

被抑郁症折磨时的黑暗感受成为 J.K. 罗琳创造摄魂怪的灵感来源，这种怪物如同抑郁症一样，吸食人类的正面情绪。

艺术起源于痛苦，但超越痛苦。**当你完全敞开身心，诚实地去写你的生命，写你所处的环境，你面临的问题，你的悲伤、困惑、欢乐、苦难……你的所有经历，这种真诚的表达就会抵达一种普遍的人性。**这种表达不仅能宣泄个人的情感，还能触达他人的内心世界，因为一个真实的生命一定会在他人那里得到应和。

第四章

CHAPTER 4

不做大剪刀

如果我们一味地

把写作当作对孩子的一种测试、考量，

孩子意识到自己被严厉地审视，

就会紧张，会关闭心门不想表达。

这样正常的语言成长就被打断了。

放弃说“不对”

在女儿小时候，我为“星星鸟鸟塔”惊喜，被“我的床上放了我，我和它一起睡”迷倒，对她各种稀奇古怪的想法欣赏赞叹不已。

后来，她上学了，开始学习写作文了。事情在这时候发生了根本性的转变。

我拿到她的作文，常常一边看心一边抽紧：啊，只写了这么一点点，一点都不生动；这句有语法错误，那句啰唆，把句子写通顺都是件这么难的事情吗？叙述没有逻辑，错别字频频出现……

我可以接受她的分数不那么高，排名不那么靠前，但是，我接受不了我的孩子不会写作文！

我向来把写作能力看得很重。写作能力是一个人综合素质的体现，可以说，文字背后就是那个人本身。一篇拙劣的作文，不就意味着后面有一个不怎么样的孩子？

在对待作文这件事上，我的平常心彻底消失了。每读一篇她的作文，我就会被沮丧感打倒。在我的想象中，她必须有能力写好《校园一角》《记一次运动会》《春游》《我的理想》……无论哪种类型的作文题，她都能够洋洋洒洒写出文从字顺、有亮点的作文。但是事实与我的期望出入甚大。

我对任何事情都没有比对待她的写作更急切。在我的意识里，她写作必须一开始就写得很好，她必须比同龄的孩子写得更好。她如果不是最好的那一个，也必须是最好之一。我预设了她在写作上的高度。

写作在我们家逐渐演变成了一场灾难。我每一次作“河东狮吼”，几乎都是为了她的作文。一直到她长大以后，在写东西这件事上，她内心始终有片小小的阴影。

是的，我必须承认，我女儿的写作虽然有一个温暖美丽的开头，但并没有一帆风顺地发展下去。在教孩子写作这回事上，我犯错至多至深。我回过头去面对自己的过失，它们不再可能得到弥补，因为孩子的成长是不可逆的。

有一个叫海斯勒的美国人，曾经在中国涪陵教了两年书。他将这两年教书经历写成了一本书叫《江城》。《江城》现在是美国诸多大学研究亚洲文化的必读书。

初到涪陵，校方给海斯勒安排了一个中国老师教他中文，海斯勒由此体验到了中西方教学之间的巨大差异。在美国，如果某个学生做错了，老师会把他做对了的事指出来，并把他所付出的努力表扬一番。对某些中国的老师来说，如果学生错了，他会直截了当地纠正学生。

候，突然意识到，所有的字念起来都十分流畅，不认识的只有一个。我把背部往后靠了靠，开始回味我所取得的成就：我真真正正能够读懂中文了。那些字开始变得有意义起来。然而，就在我这种满足感就快完全成形的时候，廖老师说话了："不对！"

它的字面意思就是"不正确"。你也可以把它理解成不、错了、不行，绝对不正确，肯定不正确。我不认识的汉字还有很多，但这两个字我非常了解。

我的心里不禁抱怨起来：其他所有字都对了，这难道没有什么价值吗？但是，对廖老师来说，这可不管用。只要有一个字错了，那就是不对。

"不对！"断然喝止，然后纠正出错的地方，这不同样是我面对秋秋作文时的习惯性做法吗？我总是一边读一边拿着笔把错误圈出来：错别字、不通顺的句子、详略不当、主题不明，诸如此类所有的毛病……一连串"不对"的呵斥声伴随着看她作文的全部过程。孩子在一旁忍耐着，小小心灵一点点蜷缩起来。

就在不久前，为了本书中写作主题的这个章节，我问秋秋：小学时候你在作文上最大的困扰是什么呢？没东西可写？写不长？找不到有意思的主题？词汇贫乏？

她给出的答案令我惊讶：我最大的困扰，是不知道我的作文到底哪里不好！

也就是说，我自以为是地手执红笔，帮她修改句子，划掉多余的词语，调整段落……而那小小人儿一直在一团迷雾中，不明白这一切所为何来！

在生活中，不管秋秋做什么事情，我常能看到并称赞她对的那部分。

我会欣赏她叠衣服时的卖力，故意忽略那些歪斜皱褶。她画画唱歌弹琴读英语演算数学习题……统统都有错误百出的时候，但我忽略那些错误，称赞她付出的努力。唯有在她写作时，我丧失了我的宽容和克制。

很多年以后的今天，我才恍然意识到，恰恰是在写作这件事上，比任何别的事情都更要谨慎地说“不对”。

当语言能力没达到一定程度的时候，一个小孩并不能意识到自己的语言是不通顺的。当理解与表达能力只到达某个阶段，他是领会不了你指出的种种问题的。

那么当你说“不对”的时候，小孩接收到的唯一信息是什么呢？就是“不对”本身——它意味着全盘否定。

作为一个大人，海斯勒对这种直接的批评尚且不适；孩子身心调节能力更差，对他一再否定，整体性否定，如何不会让他的心灵留下阴影？

有一次我问秋秋：你有过什么样的梦想？她仔细想了想，说：“很多啊。小时候，我想当个作家来着，后来被你批得体无完肤，就打消了这个念头……”

一个特别看重写作能力的妈妈，恰恰让女儿放弃了把自身托付给文字的意愿。这样一个教训，足够足够惨重。

发现好的东西

实际上，判断一篇文章的好坏，或者考量一个人的优缺点，取决于你的目光更愿意停留在哪里！也许一篇文章中有 10% 的错别字，可是还有 90% 的字写对了，不是吗？一篇文章中有好多个病句，可是 85% 以上的句子都对了啊！

孩子本来就对作文有畏难心理，老是批评他，会把他仅存的一点兴趣和热情打压下去，使写作文变成他的苦恼。

经常听到当父母的苦恼地说："我家孩子，就是作文不好。"

在给出建议之前，我认为更需要问的是：你家孩子，作文真的不好吗？你是按照怎样的评判标准来看待孩子的作文的？

比如：我家孩子写作文只会写流水账。

——其实，把流水账写得清清楚楚也是很不错的啊。我非常尊重的南京师范大学附属中学特级教师王栋生曾称赞这样一篇小学生日记：

> 星期天我到浮桥公园去玩了。我滑了两回滑梯，吃了两根冰棒，一根是橘子味的，一根是赤豆味的。后来我拉了一泡便，就回家了。

王老师说："这个孩子简约地说清了一天中他认为重要的事情，这'流水账'记得好！"

比如：我家孩子写作文干巴巴的，没什么形容词。

殊不知准确的动词和朴素的名词远胜华美的陈词滥调。美国杰出的悬疑小说作家斯蒂芬·金有一个经验之谈：

> 文章由句子组成。句子，只需要名词和动词就够了。任取一个名词，跟任何一个动词放在一起，就是一个句子。这种简单的名词动词结构很有用，它就像在给你一条小路，你顺着走就可以。

一名小学语文教师说：在作文教学中，我最注重规范，让孩子从小学会规范的写作是最重要的。

“规范”是她的评判标准。可是在我看来，作文教学中激发孩子的表达欲望远比“规范”重要。孩子不合文法的句子里完全可能包含着一些有趣的内容和精彩的想法，这种趣味比“规范”更重要。

王栋生举过这么一个例子：一个五岁的孩子，当妈妈叫他回家吃饭的时候，他说“我有我的随便”。

——正确的说法或许该是“我有我的自由”，可这么一改，不是少了一种特有的童趣吗？

秋秋曾在日记中写下这样的句子：“今天考语文，我的心中没有信心，只有灰心，因为我的语文比较差呀！”

——“灰心”是形容词，从语法上说这样用不那么合乎规范，可是难道我们会不因为儿童无意中创造的谐趣而哑然失笑吗？

太强调“规矩”，容易失掉表达的乐趣，同时把小孩的思维限制在一个很小的范围内。如果一开始就想着用一种标准、一种模式去规范，那么他将会交给你一篇干巴无味、虚情假意的作文，而他的思维之泉也将日渐干枯。

我认识一个五岁的孩子，某天她对奶奶说：“舅妈不喜欢我。”

奶奶说：“舅妈怎么会不喜欢你呢？你看，她给你买糖果、买新衣服……”

孩子固执地说：“我就是知道她不喜欢我。你和妈妈，总是把我的画一张张收好，放在夹子里。舅妈把我的画扔进垃圾桶。”

孩子那种如同天眼一般的洞察力每每使我感到震颤，他们轻易越过

成人世界的伪善直抵真相。我相信她的判断：是的，舅妈不喜欢她。

我们永远不要忘记，当我们手捧孩子的文章或者其他艺术创作时，那不仅仅是几行文字、一幅画，那还是一个活生生的孩子。当我们大吼大叫着否定孩子的创作，传递的一个信息就是："我不喜欢你。"

其实，一切都取决于我们更愿意把目光投放在哪里：是放大那些瑕疵，还是着意去发现孩子作文内那些好的东西。

作文不像数学习题，只有一个正确答案。写作也没有公式定律可以依循。文章像生命体，没法用简单标准粗暴地衡量。

更何况许多成年人并没有建立起良好的文学趣味与鉴赏能力，评判标准本身就值得质疑。

如果我们一味地把写作当作对孩子的一种测试、考量，孩子意识到自己被严厉地审视，他就会紧张，表达也因此被扭曲，他们很可能会关闭心门，从此不想表达。这样，正常的语言成长就被打断了。

如果回归到本意，人们都会愿意去表达。对小孩而言，这种讲述还有一种玩耍的性质，让他有趣地表达出来、美好地表达出来就对了。让初学写作的孩子体会到表达的乐趣，远比得到一个作文高分重要得多。

小孩渐渐长大，词语变丰富，思维变缜密，他的表达自然会更成熟。总有一天他会写出字词与语法正确的句子。但是一旦写作的愿望与信心被折断，就没有那么容易复原了。

我们千方百计要做到的，是帮助孩子建立用文字构筑世界的能力，而不是打消他们用文字探索世界的愿望与热忱。

不做大剪刀

在一个云集了众多妈妈的讨论群中，有一次，一个妈妈问：今天儿子的语文作业要写比喻，“喇叭花像 ________”，儿子写的是“喇叭花像掀开的香蕉皮”，这个可不可以啊？

群里立刻有一个妈妈回应：“我觉得不可以。喇叭花怎么像香蕉皮呢？如果说喇叭花像喇叭，那还差不多。”

我被她自信的口吻惊到了。喇叭花真的不可能像香蕉皮吗？剥香蕉的时候，香蕉皮一瓣瓣张开，那模样不正是喇叭形状吗？

而喇叭花像喇叭，又是一个多么无趣的比喻。成年人选择自以为稳妥的万无一失的词语，全然不知那刻板的思维正框范、局限着孩子们的想象力。

在我的写作课堂上，孩子们创造过许多奇特的句子，比如这个：

清晨的雾像小狗的眼睛。

我停下来好好想了一下，清晨的雾和小狗的眼睛在哪里相似呢？哦，清晨的雾湿漉漉的，小狗的眼睛也湿漉漉的。

多美的一行诗啊！

如果此时成人大喝一声：“不对！清晨的雾怎么会像小狗的眼睛！”这美好的诗句恐怕就只好从孩子头脑中恹恹地溜走，创造的快乐也恹恹地溜走。想象力的翅膀就此被剪去一个小角。剪着剪着，翅膀慢慢就秃了，无力飞翔了。

毕加索十四岁就有很好的素描功底，四十岁以后，他一直希望自己回到儿童绘画的方式。儿童的直觉比成年人的更灵敏、更发达。作为成人，艰辛琐碎的生活会磨钝他们的感觉，成年人的生活是靠理性、靠意志力来控制的，这压抑了直觉与潜意识。但艺术恰恰要依靠直觉。

这是我写作课堂上一个二年级学生写的“感觉诗”：

> 饼干听起来像一个个蚱蜢
> 纸闻起来像一片片树叶
> 跳健美操像鸟儿飞翔
> 头发尝起来像一支支记号笔
> ——董易

饼干吃起来酥脆，饼干屑到处蹦；蚱蜢会跳，饼干就这样和蚱蜢联系起来了。小诗人的想象力也像蚱蜢一样会跳呢，他自由地捕捉感觉，自由地想象。

小孩子脱口而出的句子就是这样跳跃奇异，他们对色彩、形状和动态都异常敏感。

对孩子们来说，世界是全新的，还没有被太多的定义框范，他们完全按自己的理解去判断,去描述。这就是儿童语言更接近艺术家语言的原因。

当孩子写下一句话，从此世界上就有了一句由他创造出来的语言。我们要珍惜这种独一无二的创造。

在不做扼杀孩子自由表达的大剪刀这件事上，有个妈妈做了个很好的示范。

遇见一片郁金香花海
黄的，白的，红的，粉的……
春风吹来
花儿摇来摇去
似乎它很生气要打人耳光
啊，真想有一条郁金香花瓣做成的裙子
——Dora

这是一个二年级小姑娘写的，妈妈附言：“首先声明，我家没有家暴，诗中‘打耳光’这个比喻让我有点伤心。不过孩子这么写了，我就如实记录。这样是不是就不像诗了？”

郁金香的花朵很重很结实，不是飘逸的那种，诗中的比喻来自孩子对花朵形态真实直接的感受。我格外称赏这位妈妈，她如实地记录，而没有逼着孩子去表达“正确的”感情，没有当大剪刀去粗暴地删削。这一句也许突兀，但我们宁愿要真实的不完美，也不要工整的被删削得干干净净的完美。

在教导孩子写作这件事上，鼓励他从个人感觉出发，从人性真实的体验出发，任由他的艺术品位去发展，不压抑他，不扼杀他，自然而然会得到一个热爱艺术且具有艺术想象力的孩子。

警惕呆滞的思维

我对秋秋两次春游之后写下的作文印象深刻。一次是三年级：

今天春游，我们光顾了臭屁虫的家。我们来到龙王山这个“不毛之地”，我发现这里的臭屁虫之多真是令人发指。我先发现了奇怪、恶心的地面：地面上布满了虫尸，特让人肉麻。接着我又发现了让人肉麻的墙壁：墙壁上密密地布满了臭屁虫，在白色的墙壁上有片片黑点，令人无比惊慌。仔细一瞧，我发现树上也贴满了臭屁虫，让人看到了就想逃跑。在花坛的草叶上，有一个一个黑不拉几的令人讨厌的臭屁虫。有的时候臭屁虫会发狂地飞到我们身上，大家都在别人身上找臭屁虫，如果有，我们就会大叫：你身上有臭屁虫！我想让我妈大吃一惊，就去寻找臭屁虫，用相机拍下来。可好惨，臭屁虫飞到我身上，让我狼狈不堪。我下次再也不来这个臭屁虫的繁殖基地龙王山了。

“臭屁虫”这样的作文值得鼓励吗？我的答案是肯定的。作文呈现了她的观察与兴趣，她在用稚嫩的文字重述自己的一次经历，还原自己眼中的客观世界。

一次是四年级，地点是珍珠泉，那儿有个动物表演场所。她写道：

……喇叭里一遍遍播放要把动物当作好朋友，善待动物，可是我觉得他们并不善待动物啊，他们让老虎走梅花桩，让猴子打着小旗列队欢迎游客，我不相信老虎和猴子会愿意干这样的事情……

她在作文中展示出的批评精神来自一颗心灵对动物设身处地的同情，这就是人性中宝贵的同理心。不管文字多么稚嫩，当她把观察到的事实、心灵的直觉抑或头脑中的思考用文字真实地呈现出来，这就是有价值的写作。从被动感受到主动表达对世界的认识，她在逐渐介入这个世界。

写作对孩童最重要的意义，是鼓励他们说出对事物的感受，激发他们的思维与情感。这是一个渐进的过程，是思维从懵懂走向理性的过程。心智的成长，就是指这样的过程。

写作教育说到底是培养孩子们如何思维。我始终觉得，在写作中，超出修辞与技巧的，是文章的思想和观点。长大了的秋秋对此也颇认同，她说，到初中以后，就觉得文章的立意比语言更重要。哪怕你用最优美的语言，写一篇午夜十二点老师在月下批作业，或者妈妈在雨中送伞的作文，这篇作文的价值也很有限，因为，无数人用过这样的桥段了，它只是陈词滥调，或者是虚假的东西。

英国教育家怀特海在《教育的目的》中曾写下：

培养一个儿童如何思维，最重要的是必须注意我所说的那种“呆滞的思想”——这种思想仅为大脑所接受却不加以利用，或不进行检验，或没有与其他新颖的思想有机地融为一体。

写作是对自我心灵的展示，是表达自我智慧的能力。如果让孩子习惯人云亦云地讲一些与他们的年龄或者认知不相称的话，那就是在硬生生剥夺他们的思维能力。他们很可能会逐渐变得不爱表达，或者虚假地表达。成年以后也不再习惯面对深层的自我。

写作可以保护孩子与生俱来的想象力。当他们长大以后，思想与情感会随着阅历与体验的丰富而逐渐复杂，为传递这些复杂的情愫与思想，他们自然而然会去探索多样的表达技巧。

你对“文采”有什么误解吗

我曾读到一个六年级学生的作文：

> 悠远的钟声，送走了难忘的2018；清脆的爆竹，迎来了崭新的2019。山，在萧条中把春光沉淀；水，在冰封下把清波潋滟；生机，就在这既往的凝练里提取；希望，就在这开来的传承中焕然！
>
> 回顾2018，有一种起点叫呼唤，有一种征程叫热切，有一种速度叫超越，有一种节奏叫豪迈……

全文所有段落全是这样的风格与句式：排比句，不知所云的宏大词汇，慷慨激昂却空洞无物的情感表达。写了那么多字，但作者在2018年经历了什么，感受到什么，你得不到一丁点儿信息。过去与未来都没有作者的身影，文中也没有这个世界具体可感的样貌。

没有个人经历，没有个人情感，没有个人视角，这真的是一个六年级孩子的文字吗？我怀疑这是机器按照某种格式将词语排列组合的结果！你仿佛可以通过文章看到一个模式化的孩子，这个孩子早早失去了童年的灵动、真诚与率性。这真是令人遗憾。

这篇文章是老师作为范文推荐的，说明在作文评价体系中，这种满篇工整句式与华丽形容词的作文是深得认可的。事实上，倘若有心把每年中考、高考之后报刊上刊出的满分作文拿来研究一番，你就会发现这种文章正是作文审美的主流，它们以其“文采”获得赞誉与高分。

有文采原本不是坏事。可是如果文采意味着堆砌辞藻，一味铺陈，那我觉得，我们的作文教学真应该从摒弃文采开始。

有一位名叫苏炜的教授，在耶鲁大学东亚文化系开设中文课。

在批改作文的过程中，他发现很多学生喜欢直接坦诚地讲述自己的经历或者表达看法，他经常被他们精彩独特的故事吸引，被文章中那豁然敞开的心灵窗户打动。

有一年，他的班上新转来了一个中国学生，苏老师在文章中称呼他为小 S。小 S 从中国高中直接进入耶鲁大学读本科，获得高额奖学金——这样的学生就是人们口中的“牛娃”啊。小 S 中学就读于一所全国知名的重点中学，担任过学生会主席，屡次获全市“十佳少年”称号，载誉无数。

对于母语是中文的小 S，上苏老师的课不是太容易了吗？他的普通话比苏老师的还标准，中文水平毫无疑问秒杀班上所有同学。

但是，每到批改作文，苏老师就很困扰了。

小 S 的文章毫无文法、句型、错别字的问题，从语言的角度来说应该是一篇得 A 的作文。可是，文章通篇套话，说事从不直接说。比如让每个人谈谈故乡对自己的影响，其他同学多是从自己在故乡的成长经历切入，而小 S 的写作方式是这样的：

> 从大兴安岭到天涯海角，从东海之滨到喜马拉雅山，祖国大地鲜花盛开，改革开放日新月异……
>
> 万里长城万里长，滔滔黄河滚滚长江……我亲爱的祖国母亲啊，我们都是黄土地儿女，龙的传人……

朗读文章时那些宏大词语从小 S 口中喷薄而出。苏老师说：对于这样一篇语言规范、内容却空洞夸张的文章，我能点评什么呢？

相比之下，其他学生可能中文文法有问题，但能够在文章中敞开胸怀，善于从一个切身、具体的话题进入。

有一种写作教育，旗帜鲜明地反对辞藻华丽的文章，建议大家尽量少用生僻词，甚至有写作课专门训练学生怎么用最简单的词语写出感人的好文章。老师常常会说：“忌用大词，除非是必须。”因为“文章中堆砌诗意、繁复、华丽的辞藻和句子，会让读者受到干扰。这种写作套路既是对读者的不负责任，也可能是为了掩盖思想之不足”。

在教孩子们写作的过程中，我获得了两个经验。一个经验是，低年级小朋友还能写出诚挚天然的话语，到五六年级，学生作文则多规整流利但索然无味。第二个经验是，每当老师或家长把一个优秀学生的作文推荐给我，我通常失望多于惊喜。

这种失望恐怕并非偶然。年级越高，孩子们学到的套路越多；越被评定为优秀的学生，大概也意味着套路掌握得越好。的确，句子是要流畅一点，词语是要华丽一点，结构可以采用前后呼应、文末点题之类的技巧……然而唯独少了个人的趣味与情感，以及生动可感的真实自我。

语言模式是会影响思维方式的。我们要警惕程式化的语言制造出呆滞、虚假的思维。倘使一篇文章没有信息含量，没有真情实感，没有思想逻辑，没有价值判断，凡此种种都没有却去侈谈文采，文采真是一钱不值。

就我个人趣味而言，我非常赞同马克·吐温先生的告诫：使用平常简单的语言、简短精练的句子，这是现代的方式，也是最好的方式。

后记：留下小脚印

多年前一个傍晚，小学生唐秋秋背着书包坐在我的自行车后座上，我们一起回家。冬日阴寒刺骨，一会儿后飘起雨雪。下班的人群簇拥在道路上，撑着雨伞或者披着雨披，使得街道愈显拥塞，一片兵荒马乱状。母女俩被裹挟在人群中慢慢挪动。天早早地黑了，街灯之下雪花不紧不慢地落着。在一个路口我停下，焦灼地等待红灯过去。

就在等待红灯的十几秒工夫，秋秋一只脚从踏板上放下，略微倾斜身子，在覆盖了一层薄薄雨雪的地上踩了一下，然后愉快地大声说："唐秋秋到此一游。"

我微笑起来，此前的焦灼像被孩子的话语洗濯，心中顿然宁静。雪花还在飘落，我竟然可以欣赏起那些从天而降的精灵，为它们的从容优美所折服。

此刻我突然想到，如果把我们的写作也理解成这只小脚印该多好啊！

它是刻板、忙碌生活中一次突发的兴致，是寒冷与疲惫都压抑不住的灵机一动。

它是生存的意愿与欢乐，是对这世界的温存渴望。

它像黑暗中一串清脆笑声，也像烛焰的跳动。

那是记录，也是昭告：世界，我来了。

雪粒还在落下来，那原本就清浅几不可见的脚印迅速被覆盖，被抹去。但是你知道它存在过，在那条路上，在那个十字街口，在人群中，也在你的心里面。

就把我们的写作当作这样的小脚印吧！

你不是要写什么流传千古的作品。哪怕写得很烂，那也是从你的心里和笔下流淌出来的东西，打上了独属于你的印记。是属于你的，谁也不能替代的小脚印。

你可以写得很难看，写得很快或者很慢，统统没问题。

你写下的每一句话、每一行字都可以按照你的意愿，随时划掉，随时修改。就像把脚印踩在这里，或那里。

你只是在做一件属于你的事情，不是在和谁比赛。

从你的感受出发，从你的观察出发，从你的经历出发，自由而尽情地去写。

通过写作来开启一种个性化的生活，周围的一切因此变得意味深长：你的经历、际遇、印象、观察，你被这些感动了，所以才要记录、研究和回味。

人生真正的快乐常常与功利无关，我们写，是想证明自己活着。

写作不仅仅属于拥有作家梦的人，它是让生命变得更丰富、更有意思的一种途径。

图书在版编目（CIP）数据

打开心灵的眼睛：像作家一样生活 / 章红著.
南昌：二十一世纪出版社集团, 2025. 6. --（“慢慢长大”系列）. -- ISBN 978-7-5568-9034-7

Ⅰ. G782；H15

中国国家版本馆CIP数据核字第2025QN3067号

“慢慢长大”系列

打开心灵的眼睛　像作家一样生活

DAKAI XINLING DE YANJING　XIANG ZUOJIA YIYANG SHEGNHUO

章　红/著

出 版 人　刘凯军

策划编辑　谈炜萍　　　责任制作　黄　明

责任编辑　王雨婷　　　插画绘制　任梦晨

特约编辑　郑应湘　　　装帧设计　吉&果

出版发行　二十一世纪出版社集团（江西省南昌市子安路 75 号　330025）

网　　址　www.21cccc.com

经　　销　全国新华书店

开　　本　889 mm × 1300 mm　1/16　　　印　　张　12.5

字　　数　163 千字　　　版　　次　2025 年 6 月第 1 版

书　　号　ISBN 978-7-5568-9034-7　　　印　　次　2025 年 6 月第 1 次印刷

印　　刷　南昌市红星印刷有限公司　　　定　　价　30.00 元

亲爱的小孩，愿你慢慢长大

慢慢长大